"法治湖南建设与区域社会治理"协同创新中心平台建设成果
国家社科基金青年项目"涉外证券民事诉讼管辖权制度研究"（14CFX079）阶段性成果

民商事案件管辖制度与司法体制改革

李婷 著

中山大学出版社

·广州·

版权所有　翻印必究

图书在版编目（CIP）数据

民商事案件管辖制度与司法体制改革/李婷著.—广州：中山大学出版社，2016.12
ISBN 978-7-306-05926-0

Ⅰ.①民… Ⅱ.①李… Ⅲ.①民事诉讼—司法管辖—研究—中国 Ⅳ.①D925.104

中国版本图书馆CIP数据核字（2016）第308103号

民商事案件管辖制度与司法体制改革
min shang shi an jian guan xia zhi du yu si fa ti zhi gai ge

出版人：	徐　劲
策划编辑：	陈　露
责任编辑：	赵爱平
封面设计：	楚芊沅
责任校对：	秦　夏
责任技编：	王宋平
出版发行：	中山大学出版社
电　　话：	编辑部 020-84111996，84113349，84111997，84110779
	发行部 020-84111998，84111981，84111160
地　　址：	广州市新港西路135号
邮　　编：	510275　　传　真：020-84036565
网　　址：	http://www.zsup.com.cn　　E-mail：zdcbs@mail.sysu.edu.cn
印　刷　者：	虎彩印艺股份有限公司
规　　格：	787mm×1092mm　1/16　9.25印张　135千字
版　　次：	2016年12月第1版　2016年12月第1次印刷
定　　价：	25.00元

如发现本书因印装质量影响阅读，请与出版社发行部联系调换

内容摘要

本书从民事管辖权与司法体制之间的辩证关系入手,通过系统论证现行民事管辖权制度的内部调整和创新问题,为当前新一轮司法体制改革探索驱动思路和助力方向,以构建立体渐进的、以管辖权驱动司法改革的新模式。全书共分四个章节,约12万字。第一章为"基础论",主要论述民事管辖权与司法体制的关系,揭示管辖权制度在整个司法体制改革中的功用。第二章为"运行论",论述现行民事管辖权制度弊端与司法体制困境,揭示管辖权弊端导致司法体制运行中的价值背离。第三章为"变革论",论述以管辖权驱动司法体制改革的新尝试,包括最高人民法院巡回法庭、"两区分离"法院、专门法院等针对民事管辖权的创新实践。第四章为"启示与建议",论述相关域外经验与我国制度格局展望,为构建立体、渐进的管辖权驱动模式提出详细思路。主要研究结论如下:

(1)管辖权的本质经过了罗马法、近代、现代三次流变,国家权力是其核心要素,而司法资源配置则成为现代司法理念下的新内涵;司法体制建设是一项系统工程,司法权力设置与司法资源配置是其核心内容。

(2)管辖权与司法体制在本质上是相同的。管辖制度改革可以成为司法体制改革的重要驱动力,是为司法改革的"管辖驱动模式"。

(3)第三轮司法体制改革的重要阻力是司法地方化、司法行政化等问题,其牵涉到司法权与立法权、行政权的关系问题。从性质上来看,"管辖驱动模式"属于司法权内部调整,是一个法律技术问题;从效果来看,"管辖驱动模式"能达到调整外部司法权与立法、行政的关系的效果,其成本较低,且规避了"司法体制改革政治化"倾向。

(4)党的十八届三中、四中全会相关文件及最高人民法院相关政策体现了"管辖驱动模式"在司法体制改革中的重要意义。其中,探索与行政区划相分离的管辖制度、最高人民法院巡回法庭和专门法院的设立等分别侧重于在管辖制度横向、纵向及立体方位进行调整,以应对司法体制改革痼疾。

(5)构建立体、渐进的管辖权驱动模式需要从宏观和微观两个角度入手。宏观上,加强域外经验及我国相关试点实践经验总结,引领管辖制度探索向纵深层次发展。微观上,完善新型民事诉讼管辖依据制度建设。

关键词:民事管辖权;司法改革;管辖权驱动模式

Abstract

From the dimension of the relationship between civil jurisdiction and judicial system, this book mainly discusses some major issues and problems of the judicial system reform. It also analyzes the significance of judicial drive mode for the third judicial reform process, according to the decision of the fourth plenary session. This book mainly achieves following research conclusions:

Firstly, the nature of jurisdiction has evolved from the Roman law period to the modern law period. State power is always the essential factor of the nature of jurisdiction, while the judicial resource allocation would become a new factor in modern time. The judicial system construction is a systematic project, the judicial power and the judicial resource allocation are core contents of it.

Secondly, jurisdiction and judicial system are essentially the same. The jurisdiction system reform can become an important driving force of the judicial system reform, which is called "the jurisdiction drive mode" for judicial reform.

Thirdly, the resistances of the third round judicial system reform are mainly the judicial localization and the judicial administrationization, which involves the problem of the relationship between the judicial power, legislative power, and executive power. From the viewpoint of nature, "the jurisdiction drive model" is an internal adjustment, which is also a legal technical problems. From the viewpoint of effect, "the jurisdiction drive mode" can get the effect of adjusting the relationships between external jurisdiction and legislation, administrative power, with the lower cost. Besides, it can avoid the judicial system reform politicized tendency.

Fourthly, the important significance of the "jurisdiction drive mode" to the judicial system reform is embodied in The eighth Plenary Session and the Supreme People's court's related policies. Jurisdiction system separated from administrative divisions, the Supreme People's court circuit court system and specialized court system focused on making adjustments in the jurisdiction system of horizontal, vertical and stereo range, to cope with the reform of the judicial system chronic illness.

Lastly, the constructions of the three – dimensional jurisdiction driving mode need to start from the macro and micro perspectives. On the macro level, we should learn from the foreign countries experience, leading the exploration of the jurisdiction system to develop in depth. On the micro level, we should explore jurisdiction rules of some new civil procedure.

KEY WORDS: Civil Jurisdiction; Judicial Reform; Jurisdiction Drive Mode

目 录

导 言 ………………………………………………………… 1

第一章　基础论：民事管辖权与司法体制 …………… 1

　第一节　民事管辖权基本理论 ……………………… 1

　　一、对司法管辖权本质的探究 …………………… 1

　　二、民事管辖权的特征及设定原则 ……………… 8

　　三、管辖权的司法体制桎梏 ……………………… 11

　第二节　司法体制基本理论 ………………………… 12

　　一、司法体制及其改革概述 ……………………… 12

　　二、新一轮司法改革中的方法论 ………………… 14

　　三、司法体制改革的管辖权驱动模式及其意义 … 17

　第三节　管辖权在司法体制改革中的功用 ………… 22

　　一、本质趋同 ……………………………………… 23

　　二、内外因素 ……………………………………… 25

　　三、主次矛盾 ……………………………………… 25

第二章 运行论：民事诉讼管辖权制度弊端与司法体制困境 ·················· 27

第一节 民事诉讼管辖权制度弊端 ·················· 27
一、级别管辖：利益驱动下的司法不公 ·················· 28
二、地域管辖：司法地方化的温床 ·················· 32
三、审判管理：司法行政化之肇因 ·················· 33
四、新型诉讼关系：传统管辖权制度规则的新挑战 ······ 35

第二节 司法体制困境 ·················· 39
一、司法地方化 ·················· 40
二、司法行政化 ·················· 41

第三节 管辖权制度运行与司法体制的价值实现 ·················· 43
一、司法公正 ·················· 43
二、司法效率 ·················· 45
三、司法公平与效率的价值构成 ·················· 46
四、管辖权弊端导致司法体制运行中的价值背离 ·········· 49

第三章 变革论：以管辖权驱动司法体制改革的新尝试 ·················· 55

第一节 管辖权的司法改革之维 ·················· 55
一、确保依法独立公正行使审判权是管辖权的核心 ······ 55
二、优化司法内部职权配置是管辖权正确行使的保障 ······ 56
三、完善民事司法管辖制度与司法改革的一体两面关系 ·················· 57

第二节 最高人民法院巡回法庭:级别管辖的新尝试 …… 67
 一、现实背景 …………………………………… 68
 二、功能定位 …………………………………… 71

第三节 两区分离:地域管辖的新探索 ………………… 75
 一、传统地域管辖的缺陷 ……………………… 76
 二、"两区分离"下的地域管辖权新格局 ……… 78
 三、跨地域管辖探索中的学理尝试 …………… 80

第四节 专门法院:司法专业化的制度探索 …………… 82
 一、我国的专门法院设置 ……………………… 82
 二、专门法院在我国法院体系中的定位 ……… 86
 三、司法改革进程中专门法院的新使命 ……… 88

第四章 启示与建议:构建立体、渐进的管辖权驱动模式
………………………………………………………… 98

第一节 宏观层面:域外经验与我国制度格局展望 …… 100
 一、"两区分离"的域外实践 …………………… 100
 二、专门法院的域外实践 ……………………… 104
 三、借鉴与启示:我国民商事案件管辖权格局展望 … 108

第二节 微观层面:新型诉讼关系与管辖权具体依据的革新
………………………………………………………… 120
 一、新型诉讼关系管辖依据之美国经验 ……… 120
 二、我国民商事管辖相关依据之完善 ………… 123

参考文献 ……………………………………………… 128

导 言

司法是社会公正的最后一道防线,是一个社会最为持重稳定的力量。而肇始于20世纪末期的中国司法改革,迄今已冲在了全面深化改革的第一线。① 其间,"进步或倒退"之争、"古今之争""东西之争"等争论不断闪现。从"推进司法改革"到"推进司法体制改革"再到"深化司法体制改革",官方用语的变化也映射出改革在向纵深推进,以及深层次问题上取得实质性进展的希冀和决心。那么问题争论的核心到底是什么?笔者倾向于把之概括为"模式之争"。

第一轮司法改革可称为"当事人中心主义"模式。其改革的主要的思路是对诉讼模式进行当事人主义的改造。改革开放之初,随着中国社会主义市场经济体制改革的不断推进,其司法制度中的管制色彩浓厚。司法诉讼领域基本以职权主义模式,也就是以公安、司法机关为主体,以当事人、犯罪嫌疑人、被告人为追诉对象的诉讼模式,强调实体结果。其后,随着修改宪法、确立依法治国战略的背景展开,在逐步完善立法的过程中,这一轮司法改革以各级法院为主体,贯彻现代司法理念,强调当事人意思自治、强调程序权利保障、强调公正司法的当事人主义诉讼模式得到了初步确立,司法现代化渐次提上议事日程。但是,此轮司法改革更多的是对诉讼庭审程序的调整,并未触及司法体制深层次问题。

第二轮司法改革可称为"高压维稳"模式。基于社会矛盾问题的日益突出,维护社会稳定成了司法机关面临的一项政治任务。此次改革倡导"社会主义法治理念""三个至上""司法能动主义"等一系列政治口号被

---

① 此处从1999年最高人民法院出台第一个五年改革纲要起算。

提上司法审判日程。在民事司法领域,"大调解格局""调判结合,调解优先""马锡五审判方式"等概念成为同时期的主流话语,由于注重司法活动的"维稳"效果,强调调解优先于判决,就出现了诸如立案前强制调解、诉讼中久调不决等异化现象。此轮改革引发了学界和实务界的诸多热议关注,期间交响着关于中国司法改革进步亦或倒退的争鸣。支持者认为,孔子云:"听讼,吾犹人也,必也使无讼乎",即诉讼的最高境界为消除诉讼,马锡五式的调解机制能够有效化解矛盾,且法律不能背离常识、常理、常情,此轮改革是进步的。反对者则认为,现代司法理念下,司法专业化是必经之道。这种进步与倒退、大众化与专业化之争不仅反映了人们对司法改革的热情,也透射出对"改革模式"的巨大分歧。

当下正在推进的第三轮司法改革可称为"审判中心"模式。传统的司法改革在争论喧嚣中不断推进,但体制深层次矛盾并未获得根本解决,且在日益显现中。以十八届三中全会为标志,在中共中央最高决策层主导下,我国开启了意图扭转司法不公、重塑司法公信力的第三轮司法改革。特别是十八届四中全会审议通过的《中共中央关于全面推进依法治国若干重大问题的决定》(下文简称《决定》)在司法体制领域内提出若干重大举措,着力解决过去由于司法恣意、司法不作为、司法行政化、司法腐败导致的司法不公、司法公信力不高等问题,并且意旨通过个案公正来建立公正、权威、高效的司法体系。之所以称之为"审判中心"模式,是因为其具体措施紧紧围绕着司法行政化、地方化等涉及司法权与行政权关系的核心问题,着意于审判改革的纵深发展。

"模式"意味着方向、范例、策略和程式。一个好的司法改革模式可以在最大程度上使得民众达成共识并有效地破除阻力。如何在改革中寻求一种"好的模式"?我们还需回归"司法"本身。

中国传统语境下,"司法"是一种身份的象征,是民间称之为"官老爷"的化身,是集行政事务管理与诉讼裁决为一身的官职。而欧美西方所谓现代司法理念则是建立在孟德斯鸠三权分立理论基础之上,独立性和中立性是其本质特征。西方国家以设立独立的宪法法院、或者设置违宪审查制度的方式,在司法权与立法权、行政权之间设置真空隔离地带,以保持司法的独立性。我国司法体制的设置参考了苏联模式,然而,在20世纪90年代初,苏联解体之后,其原有的司法体制亦分崩离析。现俄罗斯及东欧各国在设置其司法体制时"全盘西化",从理论上来讲是以分权理论中的"三权分立"为基础的。在此境遇下,一方面,我国司法体制与苏联分道扬镳,另一方面,又鉴于维护政治稳定等因素及本土国情,不宜效仿俄罗斯等国,对司法制度断然进行彻底改革,"有中国特色的司法体制"一语应时而生且产生较大影响。

事实上,深究司法权,权力的"界限"是其本质,而管辖权制度则是保持、维护司法界限的制度化手段。因此,司法权亦谓之司法管辖权。一方面,管辖权制度能够划清司法机关与其他国家机关处理纠纷的界限问题,法律上称之为"司法主管",其核心是协调司法权与立法、行政权的关系问题;另一方面,管辖权制度能够明晰不同法院之间的审判界限问题,此意为"狭义的司法管辖",其核心是调整法院内部职能部门间的关系以达成审判独立。

因此,如果要为本轮司法改革寻求一种驱动模式的话,管辖权制度是天然的驱动者,其可作为化解我国司法行政化、司法地方化、司法政治化等问题的一剂良药。"以审判为中心"的司法改革大可以管辖权制度的调整和变革作为驱动。其优势有二:其一,司法管辖权可作为一项纯粹的法律技术问题,在司法权界限内进行管辖权制度的调整,可以酌势避开政治性争论;其二,管辖权制度的改革属于司法权的内部调整范畴,然其能达到撬动司法权与立法权、行政权等界限的外部效果。以此为突破口驱动司法改革,其成本较小,且成效可以预期。

深析《决定》,其中提出的司法改革措施有近80项,涉及诉讼机制、法院管理、审判职权等方方面面,正如最高人民法院贺小荣法官所言,这是一次"体制、环境、主体三位一体"的改革。① 而在众多改革措施中,管辖权制度的调整是亮点。特别是当前关于最高人民法院巡回法庭、探索建立与行政区划相分离的法院及专门法院建设等举措的推进,已然为管辖权驱动模式提供了现实的注解。

---

① 贺小荣:"'三位一体'彰显司法改革逻辑",《人民日报》2015年04月13日刊,05版。

第一章　基础论：民事管辖权与司法体制

中国的司法体制改革历来遵循顶层设计与实践探索相结合的道路。近年来，随着新一轮司法改革的推动，诸如怎样在传统与现代之间选择司法改革的合理路径，以及如何在东西方法律体系中获取可资借鉴的改革模式等方向性问题获得了越来越多的关注。回顾以往改革的经验教训，政治体制问题历来是司法改革难以绕过的瓶颈。学界、实务届对于司法改革的力度、原则、范围、方式等诸多争论即源于此。如何在达成有效共识的基础上形成新一轮司法改革的合力？如何以较低的成本实现司法体制的效益最大化？在对这些问题进行探究的过程中，自然会涉及司法管辖权在整个司法体制改革中所担负的意义和作用问题。原因在于，司法体制改革在很大程度上关乎国家司法权的调整，而管辖权的本质即为国家权力的分支。那么，管辖权制度与司法体制改革的关系如何？为了厘清二者的关系，本书以追溯管辖权的历史源流为伊始，亦是作为探求民事管辖权制度规律的理论起点。

第一节　民事管辖权基本理论

一、对司法管辖权本质的探究

（一）罗马法上"司法管辖权"的萌芽——基于国家权力介入的"二元论"

管辖权（jurisdiction）一词，无论是在当今的法学或政治学教科书中，还是在主权国家交往的实践中,通常描述的是管治国与受管治事项之间的某种关联。从其英文表述来看,"jurisdiction"的词根 juris 来源于拉丁语 ius 或 iuris,意思为"法"。在罗马法中,"ius"是与"fas"相对应的一个概念,"ius"是指人的法律,而"fas"是神的法律。根据朱塞佩·格罗索的解释,"法"(ius)是一种处于流动状态的复合体,它同其先天的结构联系在一起,在人类生活的流动中不断囊括和解决发展中出现的现实问题。从本质上说,它是对人类社会现实本身的一种反映,以其自然性为前提条件,受特定和不易变化的基本条件的限制并保持着逻辑上的有机性和连续性。因此,这里的"法"(ius)指向的是一种更广意义上的"法",即法律制度。① 管辖权的另一个词根 diction,来源于拉丁语 dicere,本意为"说出、宣读、陈述"②,后引申为"用自己独特的方式,根据自身的理解,将某种事物用口头或书面的形式表现出来。"③智慧的古罗马人选择将 ius 与 dicere 相结合而形成"jurisdiction",究竟蕴含何意呢? 在罗马法史中,两个词根的结合体"iusdicere"含义为"司法"。"司法"是国家机关依照法定职权和程序,运用法律处理案件的专门活动。此种活动体现的是一种法定的审判资格或"公权力"。而拉汉法律词汇表对"iusdicere"的翻译是"提出诉讼"。④ "提出诉讼"往往是公民为解决争议,以诉讼当事人身份依法向国家机关所为之行为,这种行为侧重于体现公民依法享有的个人"权利"。两种翻译分别从"国家权力"和"私人权利"两个层面描述了"iusdicere"的含义。

事实上,"iusdicere"一词在形成之初,即体现了国家权力与私人权利

---

① [意]朱塞佩·格罗索:《罗马法史》(黄风译),中国政法大学出版社 1994 年版,第 104、107、109 页。

② 参见维基词库对"dicere"词条的释义,网址 http://en.wiktionary.org/wiki/dicere,访问时间 2015 年 6 月 10 日。

③ 参见维基词库对"diction"词条的释义,网址 http://en.wikipedia.org/wiki/Diction,访问时间 2015 年 6 月 10 日。

④ 释义来源于厦门大学法学院罗马法研究所网站 http://romanlaw.cn/sub6.htm,访问时间 2015 年 6 月 16 日。

的关系,具体表现为罗马执法官对私人搏斗的干预活动。①根据罗马法史料的记载,为阻止私人之间各行其是,通过暴力斗争来解决争议、实现自己的权利,罗马执法官出面干预私人争议,把私人行动引导到以和平方式解决问题的道路上来,并遵循一套古老而复杂的程序。② 尽管此类程序带有很强的形式主义色彩,然其极富象征性地表现出管辖权在其起源之初的含义——从自我救助到法定裁判的过渡。随着执法官干预活动(即"iusdicere")的发展,个人也渐渐习惯于在争端发生之时,对执法官提出干预的请求,将个人权利交由执法官裁判,使得执法官的干预活动逐渐成为一种程式化的争端解决方式。另一方面,执法官也在干预实践中发展出一套固定的裁判程序,来满足个人争端解决的需要,罗马民事诉讼程序由此产生。这种旨在保护个人权利的特殊活动其后开始获得独立的地位,强制性也逐渐加大,"iusdicere"一词演化为"iurisdictio",专门用来表示"司法权,审判权,司法管辖权"③,并进一步出现了行使司法权的机构。但无论如何,"iurisdictio"的实质依然是国家主权在私人权利之争中的运用,体现了私人(当事人)权利与国家(司法机关)权力之间的博弈与互动关系,形成了萌芽时期以国家权力主动介入为基础的"国家——个人"二元结构。

(二)启蒙时期欧洲大陆的司法管辖权——基于个人权利让渡的近代"二元论"

西欧中世纪,天主教会成为封建制度的社会支柱和国际中心。以基

---

① 需说明的是,基于当时的奴隶制社会背景,私人争端指的是具有罗马法上法律资格的人之间的争端。
② 此类程序更像是某种类似仪式的、象征性的表演,甚至还保留一定的宗教特征,这种对"罗马形式主义"的严格奉行,并不能认为是执法官通过行使国家职能来主持正义,而仅仅是为了维护公共安宁、减少私人决斗,因此与现今对"司法管辖权"的一般定义还是有很大区别的。参见[意]朱塞佩·格罗索:《罗马法史》(黄风译),中国政法大学出版社1994年版,第121-125页。
③ [意]朱塞佩·格罗索:《罗马法史》(黄风译),中国政法大学出版社1994年版,第155页及第493页。

督教神学为思想基础、吸收了若干罗马法原则而形成的教会法,一度成为西欧各国法律制度中最重要的渊源之一,并确立了教会管辖权与世俗管辖权的并行管辖结构。单就司法管辖权而言,公元12~13世纪,在教会法庭的司法审判权初步形成的同时,国王法庭的司法审判权也扩展至欧洲各地,并逐渐发展为普通法。在此之后直至16世纪宗教改革,教会法与普通法、教会法庭与国王法庭一直并行存在于欧洲社会。随着文艺复兴运动的发展和西欧各国中央集权制的形成,教会地位开始下降,教会法的地位也日趋衰落。而资产阶级革命后,西欧各国开始奉行政教分离原则,国家法律又回归于理性化和世俗化,教会管辖权也退出了历史舞台。中世纪后期,欧洲大陆的启蒙思想家从政府与人民之间关系的角度,论证了政府制度创设的必要性、以及个人权利与政府权力之间的张力与平衡,形成了以人本主义为基本倾向、反映个人与国家关系的近代管辖权"二元论"。尽管在这些论述中,司法管辖权并没有作为一个独立的概念被明确提出,但是,国家司法机关对个人争议的裁判权已然构成了国家管辖权的重要内容。近代欧洲大陆的司法管辖权理念仍然延续了罗马时期的基本特征,这不仅体现在对管辖权"二元"结构的继承上,还体现在司法管辖的形成路径上,即从私人权利"流向"国家权力,其更加关注国家权力与私人权利的关系,从而进一步揭示了司法管辖权的本质。

1. 近代司法管辖权"二元论"的基础——政府制度的创设与个人权利的让渡

在经历了数百年的教会统治之后,人们对于平等与自由的渴求又重新迸发出来,期盼建立一种更为民主和理性的社会秩序。这一时期的欧洲启蒙思想家们对于政府权威与个人权利的关系进行了反思,并提出了各种理论主张,为管辖权的近代"二元论"打下了基础。英国宗教改革家约翰·威克利夫认为,政府制度的创设是根据人的理性的指示,因此是必要的。意大利神学哲学家托马斯·阿奎那认为,主权与特权相联系,其并非国家制度运行中实践的产物,实则为自然法所致,但其一个重要特征在于人类"普遍性"。原因在于,人是社会的动物,人需要寻求社会取暖,而后者如果没有权威统治的话,则会陷入各方征战,并由此带来难以协调的混乱。① 英国思想家托马斯·霍布斯的观点与卢梭、霍布斯相似,即人性本恶,人是自私和利己的综合体。自然状态下,人出于利己而会陷入无休止的战争和资源争夺中。为了寻求和平,避免两败俱伤,需要权威主体横空出世,政治性权威与具有约束力与规范性的法律就成为必然之选。因此,国家的形成是个人让渡自己权利的结果,此即为国家的起源,更是法律制度及司法体制的根本来源。② 英国神学家理查德·胡克也认为,去除权威政府,回归人类的原始状态,事实上是不可取的,因为这违反了人类交往的社会性。实际上,他仍然坚持自然法是依据人类本性而设定的,其中政府的设立正是自然法在充分参考人类文明进程方向的自然选择,尽管其没有明确政府权威的组成形式和存在方式,但这一切的形成是基于人类本能的自我选择,或者说是人类的自由裁量。③ 而这种选择必将导致个人权利以服从管辖的方式"流向"主权政府。上述论断精辟地揭示出政府权威与个人权利的关系。在没有权威的自然状态下,人类为了实现自身的权利、为自己争夺到更多的利益,必然陷入永无休止、不可调和的矛盾中。但是,这种通过暴力解决问题的方案不可取,因为人们时刻处于不安和恐惧中,违背了人类本性和生存权。因此,对生存与和平的天然渴望,促使人们在理性的指引下选择政府制度,自愿出让一部分个人权利给主权政府,在服从国家统治(管辖)的同时,换取国家对个人的保护。从这个意义上说,政府制度的创设与个人权利的让渡实际上是一体两面的关系,都是人为了获得自身利益最大化而做出的理性选择。近代管辖权"二元论"正是基于上述对人的理性选择的分析而产生并确立起来的。

2. 近代司法管辖权"二元论"的特征及其历史局限性

就司法管辖权而言,其在罗马法上的出现是基于代表国家权力的罗马执政官对私人权利之争的主动介入。但由于此种介入是出于保护私人

---

① [爱尔兰]约翰·莫里斯·凯利:《西方法律思想简史》,王笑红译,法律出版社2010年版,第183页。

② [英]托马斯·霍布斯:《利维坦》,黎思复、黎廷弼译,商务印书馆1985年版,第98页。

③ Isaac Walton, The Works of Mr. Richard Hooker V1: In Eight Books of the Laws of Ecclesiastical Polity with Several Other Treatises and a General Index, Kessinger Publishing LLC, September 2010, pp. 35 – 39.

权利、维护公共安宁的良好愿望,因此逐渐为人们的理性所接受,而成为一种程式化的争议解决习惯,具有萌芽的性质。而启蒙时期的司法管辖权虽然从产生方式上是基于人民的主动理性选择,不同于古罗马时期的国家介入,但依然延续了古罗马司法管辖权的"二元"结构特征,形成了在个人权利让渡基础上的"国家-个人"二元结构。

在人民向主权国家让渡管辖权限的"二元结构"中,前者处于主导地位。根据托马斯·霍布斯的观点,国家契约的订立,是通过每位公民平等地转让权利来体现的,而国家人格和个人意志在取向上具有共性。法无禁止即自由,人们可以在法律允许的限度内去做自己的理性认为正确或者对自己有利的事情。在霍布斯看来,这种权利的让渡是私人的自由和权利的行使方式,在必要时,人们可以收回让渡出去的权利。费尔南多·瓦兹奎茨在探讨政治服从时,引据了自然法的观点,即"人皆平等,没有人在当下或将来的任何时刻,在非自愿的情况下,受控于他人而是合法的(iurisdictio)"。可见,瓦兹奎茨更是强调了管辖权让渡的自愿性与"非强迫性"。

但是,近代司法管辖权仍然局限在"主权政府"的概念之内,既没能发展出独立的理论架构,也没能形成独立的制度范畴。究其原因,在于启蒙时期的政治经济环境要求主权国家的世俗化,并亟需"主权政府"作为一种独立的政治主体而存在,以对抗传统的皇权与教会特权。

(三)现代西方司法管辖权的出现——"三权分立"基础上的司法管辖权

随着近代世俗世界的崛起,主权国家的权力迅速发展,形成了庞大的政府机构与政治官僚体系,成为真正意义上的"利维坦"。"主权国家"的概念逐步明晰,其权力体系也出现了分化的趋势。17世纪英国著名思想家洛克在《政府论》中,把国家权力进行分治,细分为立法权、行政权和外交的权力,且其行使主体应当交错且相互制衡,即立法权属于议会,行政权属于行政首脑,对外权涉及对外交往、战争与媾和,也需交给行政首脑行使。继洛克之后,随后,法国思想家孟德斯鸠更进一步发展了权力分治理论,提出著名的"三权分立"思想。他在《论法的精神》中,将国家权力分为三种:立法权、行政权和司法权。"三权分立"思想直接影响了美国宪法的制定以及法国大革命。在国家权力逐步分化的过程中,"管辖权"也逐渐地从"主权国家"的综合概念中脱离出来,依附于立法机关、行政机关和司法机关,而出现了立法管辖权、行政管辖权与司法管辖权。现代司法管辖权体现了主权国家在司法上的权威,其逐渐演化为一种纯粹的国家职能,成为主权的重要分支,并由罗马法萌芽时期的"个人权利"彻底转变为"国家权力"。

在"三权分立"基础上,现代意义上的"司法管辖权"具有了一种更加特定的含义:法院对相关争议进行裁决的权限。《布莱克法律词典》(第六版)对"jurisdiction"的解释为:管辖权是审判机关处理纠纷的权力和权限,它假定某一适格的法院能够有效控制当事人及其争议的事项。通过管辖权,法院可以享有事实调查、法律适用、作出决定和宣布判决的权利。① 从辞典释义来看,此处的"jurisdiction"仅指法院的司法管辖权。

在上述发展的过程中,现代司法管辖权出现了以下四种趋向:

第一,随着国家机构的职能区别化和分工专业化,"管辖权"从概念走向了制度化,逐渐形成了管辖权的制度体系。在该制度体系的完善过程中,管辖权从单一的国家权力演变为一种"资源"。"司法审判资源"的分配成为一国司法管辖体系构建中的关键问题,并且随着法学理论的发展与诉讼实践的多样化,诸如属地主义、属人主义、协议管辖等原则逐步发展成为司法审判资源的分配依据。

第二,随着市场经济的逐步成熟,人们的经济交往形式增多,法律纠纷出现了多元化的趋势,司法管辖权除了具有"国家权力"的本质属性之外,还出现了"社会性"维度,司法审判资源的分配更多地体现为对社会利益的调整过程。

第三,随着市场经济、资本系统及国家行政官僚体制力量的膨胀,司法审判资源的分配更多地牵涉于金钱、权力等非人格化的因素之中。而现代政党制度的出现以及各种利益集团的游说和介入,更是给司法管辖权披上了一层复杂的外衣,"政府利益说"成为司法资源分配的重要依据即是其典型表现。简言之,司法管辖权出现了马克思·韦伯意义上的"合

---

① Henry Campbell Black, Black's law dictionary: sixth edition, West Publishing, 1990, p.594.

法性危机",司法审判资源的分配已不再是法典中开列的精美账单,而是各方利益主体权力角逐的过程,甚至是公民诉诸行动"为权力而斗争的责任伦理"①或"反抗权力规训的生活可能性"。②

第四,随着现代主权国家之间交往的发展与联合国的建立,司法管辖权的国际竞争的出现,使得"国际管辖权冲突"成为这一时期管辖权领域的重要议题。在国际层面上,一国司法管辖权规则往往与"国家利益"相伴而生,出现了欧陆国家以"国籍"为标准的保护性管辖权以及以美国"长臂管辖"为代表的所谓"过度"管辖权。③ 对国家间相互竞争利益的平衡、以及司法管辖资源国际分配的公平性与合理性也成为这一时期的主流话语。

二、民事管辖权的特征及设定原则

诉讼程序是通往实体救济结果的桥梁。管辖制度作为民事诉讼程序的重要组成部分,承载着在法院内部具体落实民事审判权的功能。为了解决不同级别的法院,以及同一级别不同地区法院之间受理第一审民事案件的分工与权限问题,对当事人应当向哪一个法院提起诉讼提供预期和指引,相关的民事诉讼规则需要对管辖权作出明确、具体的规定。民事诉讼管辖制度决定了解决当事人民事争议的法院层级及地点,而后争议方能进入审判程序。

与仲裁管辖不同,民事诉讼中的管辖并非来源于双方当事人的授权,而是来源于法律规定的民事管辖制度。民事管辖制度是民事诉讼活动的前提和基础,妥善解决管辖问题,不仅能正确地确定法院审判权的行使,防止互相推诿或者互相争夺管辖权,而且,在涉外民事案件中依法维护人

---

① 耶林:《为权利而斗争》,郑永流译,法律出版社2007年版,第61-65页。
② 福柯:《权力的眼睛——福柯访谈录》,严锋译,上海人民出版社1997年版,第42页。
③ 《奥本海国际法》在论述美国的长臂管辖权规则时,认为这种对管辖权属地原则的扩展运用,有可能超越属地原则的正当界限,引发其是否符合国际法的可疑之处。参见[英]詹宁斯、瓦茨修订:《奥本海国际法》第一卷第一分册,王铁崖、陈公绰、汤宗舜、周仁译,中国大百科全书出版社1995年版,第335-336页。

民法院的管辖权,也体现了国家主权原则。总体而言,民事管辖制度适用的对象是民事法律关系:首先,民事法律关系是平等主体之间的人身财产关系,一般是由当事人自愿设立的。只要当事人依其意思实施的行为不违反法律规定,所设立的法律关系就受法律保护。其次,民事法律关系是以民事权利和义务为内容的法律关系。民法调整社会关系的方式是赋予民事主体权利和义务,因此,民事法律关系以民事权利义务为关系内容。再次,在管辖法院方面,对于诸如合同及财产权益等民事法律关系,由于其对公共秩序影响不大,多数国家允许当事人合意选择管辖法院。

为了保证法院及时、合理地行使审判权,保护当事人的合法权益,人民法院在确定案件的管辖权时应当遵循一定的原则。我国现行《民事诉讼法》确定管辖的原则主要有:

(1)方便当事人诉讼

管辖权规则的制定,应当考虑到当事人起诉和应诉的负担问题,以有利于当事人行使诉权为出发点,避免当事人因涉诉而影响正常的工作和生活。根据人民法院的管辖区域与当事人之间的隶属关系,结合具体案件特征,现行《民事诉讼法》规定了就近诉讼的一般规则,为当事人起诉、应诉提供方便,避免当事人因涉及诉讼造成过重的负担,耗费人力、物力,影响正常的工作和生活。例如,级别管辖,绝大部分第一审民事案件由基层人民法院管辖。

(2)便于人民法院行使审判权

这是保证人民法院及时审理民事案件,提高办案效率的原则。人民法院审理民事案件,首先应当查明案件事实,分清是非责任,然后才能正确适用法律,使案件得到正确、合法的解决。做到这一点,就必须及时、全面地了解案情,进行必要的调查研究和收集证据。这就要求在确定案件管辖时,应从客观实际出发,周全考虑法院工作的实际情况和案件的需要,以利于人民法院顺利地完成其审判任务。

(3)保证案件的公正审判,维护当事人的合法权益

这是《民事诉讼法》保障案件审判质量的重要原则。根据各级人民法院职权范围和各类案件的具体情况不同,《民事诉讼法》分别确定了案件管辖规则。例如,为防止地方保护主义干扰,规定了对合同纠纷的协议管

辖;为便于排除和避免某些行政干预因素和基层人民法院的业务素质及设备条件,规定了管辖权的转移和指定管辖,并适当地提高了某类案件的审级,以利于人民法院的公正审判。

(4)兼顾各级人民法院的职能和工作均衡负担

根据《人民法院组织法》的规定,各级人民法院的职权和分工不同。基层人民法院最接近当事人,为便于当事人诉讼和人民法院行使审判权提供了方便条件。因此,《民事诉讼法》规定,除法律另有规定外,第一审民事案件均由基层人民法院管辖;中级、高级人民法院不仅依法要审理部分第一审民事案件,而且还要审理上诉(二审案件),并对下级人民法院的审判活动进行法律监督和业务指导,因而不宜过多管辖第一审民事案件。最高人民法院是全国最高审判机关,其主要职能是监督和指导地方各级人民法院、专门法院的审判工作,制定有关文件和司法解释,总结和推广审判经验,从而保证整个人民法院的审判质量,因此更不宜多管辖第一审民事案件。

(5)确定性与灵活性相结合

为便于当事人诉讼,便于人民法院及时、正确地行使审判权,在立法上应采用明确、具体规定的形式确定管辖,这对于人民法院和当事人都一目了然,不因管辖不明发生争议,有利于及时行使审判权和诉权。但是,客观现实是不断发展和变化的,而法律则具有相对的稳定性,不可能以偏概全,朝立暮改。因此,在确定管辖时又要有一定的灵活性,以适应发展变化的审判实践的需要。

(6)有利于维护国家主权

这是针对涉外民事案件确定管辖的原则,也是独立主权国家的司法原则。在涉外民事诉讼中,人民法院行使的司法管辖权是国家主权的重要组成部分。因此,在确定涉外民事案件管辖时,应当着眼于我国人民法院通过对涉外民事案件行使管辖权,为涉外民事案件当事人提供司法救济,维护国家主权和人民的合法权益。

(7)管辖恒定原则

管辖恒定,是指确定案件管辖权,以起诉时为标准,起诉时对案件享有管辖权的法院,不因确定管辖的事实在诉讼过程中发生变化而影响其管辖权。这一原则可以避免因管辖变动而造成的司法资源浪费,减少当事人的讼累,推动诉讼迅速、便捷地进行,适应诉讼经济的要求。最高人民法院1996年5月《于案件级别管辖几个问题的批复》中规定:"当事人在诉讼中增加诉讼请求从而加大诉讼标的金额,致使诉讼标的金额超过受诉法院级别管辖权限的,一般不再变动。但是当事人故意规避有关级别管辖等规定的除外"。该条是关于级别管辖恒定的具体规定。此外,根据《最高人民法院关于适用<中华人民共和国民事诉讼法>若干问题的意见》第34条和第35条的规定,在案件受理后,受诉人民法院的管辖权不受当事人住所地、经常居住地变更的影响,且不得以行政区域变更为由,将案件送给变更后有管辖权的人民法院。这是我国司法解释中关于地域管辖恒定的具体规定。

三、管辖权的司法体制桎梏

司法制度文明是人类文明的典范,其中蕴含着人类所追求的公平、正义等普世价值。一国的管辖权制度作为其司法制度文明的一部分,无疑体现了一国具有本土化特征的治世智慧和经验。然而,当司法管辖制度的实施与其预设功能运行出现背离时,自然会产生对于该制度的"合法性焦虑"。

首先,如前文所述,管辖权的本质是一种国家权力,其制度设计与运行效果与一国的国家体制息息相关。但是,在现代管辖理念下,管辖权从单一的国家权力逐渐演变为一种"资源"。其中,"审判资源"的分配成为一国司法管辖体系构建的核心问题。在实际管辖过程中,法院为实现司法公正和高效的目标,保证审判工作依照法律规定的程序公开、公正、高效、有序地运行,会运用组织、领导、指导、评价、监督、制约等方法,对审判工作进行合理安排,对审判工作中的各个环节进行严格规范,对司法产品的质量、效率、效果进行科学考评,对司法资源进行有效整合的活动。在这样一个系统工程中,法院的人、事、财、物之间、法院与法院之间、法官与法官之间会产生各种各样显现或隐现的关系。但其本质上亦是"管辖"理念在法院资源配置系统中的体现。当后者的运行出现问题时,管辖制度也就随之出现了合法性的焦虑。管辖异议、集中管辖、指定管辖、移送管辖等制度即是其中"合法性焦虑"的体现。

其次,从性质上来说,管辖权属于中央事权,在中央与地方的博弈中,前者往往为后者所掣肘。尽管管辖权的本质是国家权力,但在欧美联邦制国家中,存在着联邦与地方的二元司法体制,其联邦法院的管辖权属于中央权力,而地方法院的管辖权属于地方各州的权力范围,这种区分与其国家体制形式相关联。由于我国是单一制国家,司法管辖权属于中央事权,各级地方法院并非地方的法院,而是国家设在地方,代表国家行使审判权的法院。一旦这种所谓地方法院出现了真正的"地方化",则相应的"合法性焦虑"亦随之出现。

总之,管辖权制度在运行过程中是一项系统工程,牵涉到司法体制的方方面面。如何看待司法体制与管辖权的内在关系,充分发挥管辖权制度调整对于推动整个司法体制改革的功用,是一项重要的理论和实践课题。

第二节 司法体制基本理论

一、司法体制及其改革概述

司法体制一般指一个国家完整的司法体系,包括制度、法律、机构以及从业人员等各方面构成的体系。以我国为例,国家的权力结构由人民代表大会制集中体现。根据我国《宪法》规定,国家的一切权力属于人民,最高权力机关是全国人民代表大会及其常务委员会。行政和司法权交由经人民代表大会按法定程序产生的"一府两院"——政府、人民法院、人民检察院行使。因此,我国的司法体制主要由国家审判机关(人民法院)、法律监督机关(人民检察院)、司法行政职能的行政机关构成。

从我国宪法、法院组织法以及三大诉讼法的现行规定来看,法院和政府的地位是平等的,职能是相互独立的。然而现实中,行政权力的不断"膨胀"和司法权的相对"萎缩",使得司法权发生了异化,现有的权力结构体系也悄然改变。当前我国司法体制中存在的痼疾,主要集中在司法的行政化和司法的地方化两大方面：

首先，所谓司法行政化，是指违背司法的规律，将法院、法官及司法判断过程纳入行政体制的命令与服从过程之中，使司法被行政"格式化"的现象。① 我国司法行政化的表现是多方面的。从静态的角度来看，司法机关的设置与行政机关相对应、法官等级及其待遇与行政职级相对应。从动态的角度来看，我国的司法行政化表现在法院司法权运作过程的诸个环节。按照现行宪法和法律的规定，法院的上下级之间是监督与被监督的关系，有别于行政机关的领导与被领导关系。但是，目前的状况却是法院之间的监督关系被异化，演变为事实上的领导关系。由于长期受行政管理方式的影响，我国司法机关尚存在以请示汇报、批示答复的途径来处理案件的现象，审判方式呈现行政化特征。此外，法院被视作党委、政府的下属部门，接受同级地方党政机关的行政性领导。实践中，存在地方党政机关对法院即将或正在审理的个案做出结论性的指示、命令，要求法院执行的现象。司法行政化在一定程度上加重了司法机关对行政机关的依赖性和附属性，不利于司法机关依法独立、公正地裁判案件，违反了司法规律的内在要求。

其次，所谓司法的地方化，首先体现为法院设置的地方化，即法院在层级上的设置与行政机关在层级上的设置一一对应。在我国法院系统中，除了最高人民法院是中央的法院，其他各级法院都属于地方的法院（专门法院除外）。这种机构设置方式继而导致司法机关工作人员管理的地方化和司法财政管理的地方化。司法地方化的严重后果在于：一是全国法律适用的不统一，二是妨碍社会主义市场经济的建立和完善，三是加重了司法不公，使得司法腐败这一社会毒瘤长期得不到根除。

因此，践行司法体制改革既是出于社会主义市场经济的客观需要，也是社会主义法治原则的要求。首先，司法体制改革是社会主义市场经济的客观需要。宪法对审判权和审判独立原则的规定符合我国的国家性质和政治体制，但是，从宏观的角度来看，这种体制主要适合计划经济条件

---

① 张卫平："论我国法院体制的非行政化——法院体制改革的一种基本思路"，载《法商研究》2000 年第 3 期。

下的利益观念和权力配置原则,而在社会主义市场经济发展的过程中屡受考验,并造成了法律作用和功能在认识上的局限。对法律的社会性和法律原则的科学性重视的欠缺,使得司法制度的改革往往落后于现实发展的需要。随着社会主义市场经济体制的发展,以及社会主义法治原则的确立,司法体制与市场经济的矛盾也越来越突出,这种矛盾在民商事司法领域尤为凸显。市场经济条件下,民商事交易的繁荣对司法公正提出了更高的要求。由于政府管理经济的手段和方式发生了变化,以市场本身调节为主,因此在民商事领域,司法机关的作用显著提高;与此同时,市场经济的发展使得市场主体和普通民众的经济活动及其他民事交往活动范围扩大,他们对经济利益以及财产权的法律保护意识也逐步增强。而民事诉讼作为市场参与主体维护自身权益的最后一道屏障,对于实现市场的稳定、有序、健康发展而言,其意义是不言自明的。其次,司法体制改革也是社会主义法治原则的要求。宪法确认社会主义法治原则,该原则成为包括司法机关在内的一切国家机关的组织与活动原则。法院作为行使司法权的主体,在权力运作逻辑上不同于其他国家机关,它强调的是权力运行的中立性和独立性,即实行审判独立,尤其是权力主体在行使权力时的个体独立性。经济体制的转变要求与之相适应的司法体制,通过发挥司法职能来体现司法正义、维护市场秩序。由于当前我国司法体制与市场经济体制之间存在某种不适应性,因此在实践中出现了较为严重的司法腐败、地方保护主义现象,不仅不利于司法机关的公信权威,更不利于依法治国、建设社会主义法治国家这一战略目标的实现。因此,为实现依法治国的目标,必须继续深化司法体制改革,促使其由计划经济时期的司法体制真正转变为市场经济体制下的司法体制。

二、新一轮司法改革中的方法论

过去二十余年的司法改革,经历了从自生自发式的改革向中央主导的司法改革演进的过程。中央司法体制改革领导小组于2004年底出台了《关于司法体制和工作机制改革的初步意见》,最高人民法院、最高人民检察院分别推出了《人民法院五年改革纲要》《人民法院第二个五年改革纲要》《检察改革三年实施意见》和《关于进一步深化检察改革的三年实施意见》等文件,体现了司法改革进程中的国家主导。与此同时,由于国家层面的司法改革指导意见并不能完全满足地方司法的实际需要,地方性的试点改革异常活跃。一方面,对于实践中存在的大量问题,现有法律未能提供充分、有效的制度供给,这使得地方司法机关试图通过改革试点解决实践中面临的问题。比如,普通程序简化审、公益诉讼、小额诉讼等地方性的试点改革经验在一定程度上影响了民事诉讼法的修改。另一方面,司法公信力不足,地方司法机关试图通过各种改革举措来提升司法公信力。但是,在地方性的试点改革中,尚存在运行上的规范性、科学性不足和评估上的中立性、客观性不足等问题。

2013年11月,《中共中央关于全面深化改革若干重大问题的决定》对于深化司法体制改革做出了全面部署,大体包括六方面的改革任务,即确保人民法院、人民检察院依法独立公正行使审判权、检察权;建立符合职业特点的司法人员管理制度;健全司法权力运行机制;深化司法公开;改革人民陪审员制度,健全人民监督员制度;严格规范减刑、假释和保外就医程序。2014年6月,中央全面深化改革领导小组审议通过了《关于深化司法体制和社会体制改革的意见及贯彻实施分工方案》《关于司法体制改革试点若干问题的框架意见》和《上海市司法改革试点工作方案》,决定就完善司法人员分类管理、完善司法责任制、健全司法人员职业保障、推动省以下地方法院检察院人财物统一管理,在上海、广东、吉林、湖北、海南、青海6个省市先行试点,为全面推进司法改革积累经验。

从方法论的层面看,当前新一轮的司法改革中,以下问题亟待进一步探索论证:

第一,关于顶层设计与实践探索相结合问题。在司法改革进入"攻坚期"和"深水区"之后,系统性的顶层设计受到了重视,与此同时,并不拒纳各种创新与前沿试点的成功经验。但是,无论是顶层设计,还是改革试点,都有进一步完善的必要。对于顶层设计而言,由于方案没有经过开放性的讨论,对于新一轮司法改革的可能空间和客观限度缺乏清晰的界定,对于一些根本性的、方向性的问题缺乏深入的研究,难以评判该方案在多大程度上反映了学术界、实务界乃至全社会的共识,也难以预测该方案在实施中的难易程度。由于顶层设计的能力与条件受限,因此需要试点先行,通过实践探索中的试错,不断修正和完善顶层设计方案。对于地方性改革试点而言,需要汲取以往的经验教训,加强试点方案的规范性和科学性,明确改革试点的实施原则、操作规程,时间与空间范围,允许突破的法律原则和制度等;建立监督和评估机制,保障试点内容的合法性、过程的规范性和结果的客观性。

第二,关于整体推进与重点突破相结合问题。对于新一轮的司法改革,中央在整体规划的同时,确定了四项改革重点,即完善司法人员分类管理、完善司法责任制、健全司法人员职业保障和推动省以下地方法院检察院人财物统一管理,这四项内容均属司法体制改革的基础性、制度性措施,对于保障人民法院、依法独立公正行使审判权意义重大,因此需要优先推进。这四项改革任务是相互关联的有机整体,体现了责、权、利相统一的原则,因此需要同步推进。整体推进与重点突破相结合,体现了多元协调、统筹兼顾的司法改革思路。在具体的操作过程中,除了关注制度与制度之间的相互协调,更需关注影响、支持或制约一个制度的多项因素,形成司法体制改革与经济、社会发展的协调推进,点与面的协调推进以及近期改革与远期改革的协调推进。

第三,关于改革发展与维护法治相结合问题。作为一项法律活动,司法改革应当遵循合法性原则,但是改革的性质也决定了司法改革有时必须突破实在法的规定,司法体制改革尤其如此。而对于实在法的突破很容易招致僭越立法权、挑战法律权威与破坏法治秩序的批评。新一轮的司法改革,提出了"重大改革要于法有据"的原则,这就要求:在改革的过程中,需要修改法律的应当先修改法律,先立后改;可以通过解释法律来解决问题的应当及时解释法律,先释后改;需要废止法律的要坚决废止法律,先废后改;对确实需要突破现行法律规定的改革试点,可以采取立法授权改革试点的方式,以避免"违法改革"的发生。2014年6月,十二届全国人大常委会第九次会议审议通过《关于授权在部分地区开展刑事案件速裁程序试点工作的决定》,开创了在司法领域进行立法授权改革试点的先河。该决定虽不涉及民商事案件的诉讼改革,但是对于保障司法改革的依法有序推进,具有积极的示范引领意义。

第四,关于遵循司法规律与坚持中国特色相结合问题。司法体制改革作为政治改革的组成部分,照抄照搬他国模式是大忌,移植的方法是值得怀疑的。但是,司法本身的性质和功能,决定了司法活动有其共通的规律。因此,在深化司法体制改革时,应当采取特殊性与普遍性相结合的方法。而如何寻找特殊性与普遍性的最佳结合点或者最大公约数,并且在技术层面上加以体现,则是司法体制改革所面临的巨大挑战。从遵循司法规律的角度看,司法体制改革应当以有利于法院更好地履行司法职责为依归。据此,强化司法的本我定位、保障司法的独立性、提高司法保障人权的程度、促进司法品质的提升、以及赢得民众对司法的信赖等,应当成为司法体制改革所追求的理想目标。从坚持中国特色的角度看,总结新中国成立以来的司法建设经验,大致可将中国司法制度的基本特点归纳为以下几方面:司法的政治性与技术性的协调、司法的专业化与大众化的结合、司法的克制性与能动性的平衡、实体正义与程序正义的兼顾、法律效果与社会效果的统一。这样的表述本身充满着内在的矛盾与张力,也彰显出把握中国特色之困难。但无论如何,妥善处理司法规律与价值偏好、司法独立与政治控制、法制统一与地区差异之间的关系,促进司法体制朝着科学化、民主化、公正化方向发展,则是深化司法体制改革中必须面对和解决的问题。

三、司法体制改革的管辖权驱动模式及其意义

所谓司法改革的模式,笔者以为,至少包含以下两个层次的含义:一是指由司法改革的思路、计划、步骤等要素组合而成的、具有一定体系与特色的综合程式,它是针对如何推行司法改革的程序本身而言的,如"司法机关自下而上"的模式、"系统研究、整体推进"的模式等。二是指司法改革过程中所关涉到的各种司法模式通过不同方式、不同程度的结合而形成的改革样式,如以大陆法系司法模式为基础、借鉴英美法系司法模式而进行的改革是一种模式;而以中国传统司法模式为基础、参照苏联模式而进行的改革又是另一种模式。这一层次上的司法改革模式主要包括三个方面的内容:需要改革的是什么司法模式,即起点模式;需参照与借鉴何种模式,即参考模式;要达到与实现何种模式,即目标模式。当然,这两种层次仅是理论上的区分,实际上二者联系紧密,难以截然划开。后一种

层次往往决定着前一种层次,因为改革的起点模式与目标模式既定,又能找到适宜的参照系,则具体的改革推行步骤即成为技术层面的问题,操作起来会更加简明。

(一)传统司法改革模式及其困境

首先,学者们对我国司法改革的启动模式争论甚大。最高人民法院副院长景汉朝大法官对我国多年来的司法改革发展轨迹做了较为明晰的概括:在由计划经济向市场经济的过渡中,经济、民事类纠纷增多,案件量的加大在人力和财力上为法院带来压力,引发了法院的举证责任改革;举证责任改革带来的质证之必要性又引发庭审方式改革;庭审方式改革所牵涉的法官权力等问题再引发审判方式改革;审判方式改革自然会涉及律师、检察官的角色和权力,因而诉讼机制改革接踵而来,由此整个司法体制改革渐成浩然之势。景汉朝大法官揭示了我国司法改革的特征问题:首先,我国的司法改革不是由任何党政机关、部门或者个人的命令而启动,而是由改革开放和社会发展的需求所致;其次,司法改革最为重要的社会背景乃是我国经济体制从计划型向市场型的转轨;最后,我国的司法改革是从法院、从基层、从举证责任改革开始的,是一个自下而上的改革。与此构成对比,中央人民政府驻澳联络办公室副主任陈斯喜认为,现阶段的司法改革主要由司法部门推动;中国社会科学院法学研究所的刘海年研究员、张志铭研究员也指出,尽管现阶段司法改革的动力来自社会需求,但改革本身却是自上而下的。① 这些看法是以有权启动制度改革的力量为出发点的,因为,在一个具体的制度变迁过程中,制度改革的根本推动力量与真正有权启动制度改革的力量并不完全一致。

其次,改革启动模式不同,则对应的目标模式亦大相径庭。对司法改革发展轨迹的认识,首先涉及对"司法改革"的理解。一般来讲,对"司法改革"的理解有广义和狭义之分。广义上的"司法改革"近似于"司法制度变迁"概念,大体指创立或变更司法体制和原则的过程。狭义上的"司

---

① 张明杰主编:《改革司法——中国司法改革的回顾与前瞻》,社会科学文献出版社2005年9月版,第33页。

改革"则仅仅指对已经创立的司法制度进行部分调整。国务院法制办公室副主任夏勇认为,任何地方、任何时候的司法制度都在变化,不是所有的变化都可以称作"司法改革",近几年来我国司法的变化能否称作"司法改革"以及在何种意义上能够称作"司法改革",这本身就是值得研究的。① 中国社会科学院王家福研究员指出,界定司法改革的含义不能脱离具体的时代、地域和国情,要结合本国与他国的经验和做法;而讨论中国的司法改革一定要从中国的实际出发,充分注意到新中国成立后几十年司法工作的成就,从而兴利除弊。② 香港中文大学於兴中教授指出,观察角度和衡量标准对于谈论中国司法改革非常重要。从直接参与者的角度去观察,由于今天总会比昨天积累更多,所以可能会觉得20多年的努力成绩斐然,中国的司法制度只需要做点局部手术,不需根本改变;从非直接参与者的角度来观察,中国的司法制度积弊甚深,不动大手术不足以言进步,而由于种种条件的限制,20年来,中国的司法制度并没有发生质的变化。很显然,前者追求的目标模式是狭义的,而后者则是广义的。③

2011年初,全国人大常委会委员长吴邦国宣布:中国特色社会主义法律体系业已形成。这意味着中国法治建设的中心任务开始转向司法和执法。但对于中国司法改革,官方和民间的态度尚存分歧:官方较为乐观,对改革评价较高,认为司法改革成就巨大;而民间看法不一,有人认为改革进展迟缓,甚至为司法改革的前景而感到担忧。为此,在推进司法改革的征途中,以下三点是我们必须要坚持的:

其一,摒弃意识形态的分歧,凝聚意志,坚定共识。建国后我党摒弃了国民党政府制定的六法全书及司法系统,参照苏联模式,建立了自己的司法体系。但从20世纪80年代初开始,经济建设取代阶级斗争成为国家工作中心,基于斗争哲学的法律与司法制度已不能适应我国的社会经济

---

① 同前注,第92页。
② 谢海定:"中国司法改革的回顾与前瞻——宽沟回忆述要",《环球法律评论》2002年春季号。
③ 张明杰主编:《改革司法——中国司法改革的回顾与前瞻》,社会科学文献出版社2005年9月版,第520页。

和生活的发展需要,相应的,对于苏联遗留下的"法律工具主义"思想也进行了检讨和摒弃。2014年春节前夕,《人民日报》评论员文章再次提出了"刀把子"论①,强调应利用好法治这把利器,既有效清除掉制度的不合理之处,又确保司法改革始终围绕党的事业和人民的核心利益服务。在当今依法治国的时代主题之下,法治已然成为治理国家各个层面和领域都应当遵循的准则。为此,我们必须凝聚意志,坚定共识,让国家机器硬起来,为全面深化改革和实现中国梦保驾护航。除此之外,对于人类共同的文明经验与法学精髓,我们有必要适时地进行拿来主义,探讨各国具有"本土化"特征的诉讼管辖制度融通的可能性。我们不应拒绝借鉴、学习域外先进经验,固步自封只会让我们错失改革良机。

其二,尊重历史文化因素造成的制度惯性,从司法体制内部调整寻求突破口。我国古代司法权与行政权从来没有真正分过家,司法是行政的一个组成部分,所谓的司法机关也一直是行政机关的附庸。在古代中国,中央虽然有大理寺、刑部等司法机关,但基本都在宰相、内阁的行政领导下为皇权的统治服务;在地方,地方行政长官更是集"刑名""钱粮"职能于一身,虽然个别时期设有专门的司法官员和部门,但都是为同级行政长官服务的,案件的最终裁决权都属于行政长官。甚至可以从某种意义上说,中国古代不存在"司法行政化"的现象,因为中国古代就没有"司法",裁判纠纷是行政官的职责,是各级地方长官"为民父母行政"之混沌整体职能的一部分。② 中国具有悠久的历史文化传承,政治制度也有着巨大的历史惯性,作为政治制度一部分的司法制度的改变也并非一朝一夕所能完成。历史惯性可以说是现行司法体制对行政权依附的原因之一。为此,从司法体制的内部调整寻求突破口,在不断试错中创新,逐步实现影响司法和行政外部关系的效应,不仅能够避免司法与行政之间权限的繁复纠葛之累,还能够以最低的制度成本实现改革效益的最大化。

---

① 《人民日报》2014年1月9日刊中,评论员文章《毫不动摇坚持党对政法工作的领导》指出"必须毫不动摇地坚持党对政法工作的领导。政法机关作为人民民主专政的国家政权机关,是党和人民掌握的刀把子,必须置于党的绝对领导之下。"

② 叶孝信:《中国法制史》,复旦大学出版社2002年版,第189页。

其三，冲破既得利益者的阻碍。从逻辑角度分析，谁是现行体制的最大受益者，那么谁就是未来改革的阻碍者。美国开国元勋汉密尔顿曾言：对一个人的生存有控制权，就意味着对一个人的意志有控制权。此论述同样适用于作为国家机关的法院。现行司法体制下，地方党委、政府掌控着各级法院的人财物等基本生存资源。在地方党政部门及相关领带存在利益的案件中，如民事案件当事人为国资部门控制的企业以及对本地发展有贡献的企业时，法院在做出裁决时很难不顾及党政方面对案件的倾向态度，而有所顾忌就很难做到完全的中立裁判。在法律监督及问责机制不健全的现阶段，权贵阶层可以利用手中的经济资源、政治资源以及人脉关系来向法官的行政上级、对司法有干涉能力的政府领导等施加影响，从而干涉法官对案件的独立裁决，使法律的天平失衡。而普通民众则显然不具备这样的能力和资源。如建立起完善的审判独立制度，则权贵阶层的司法干预能力会消减许多，只能依靠利益诱惑法官个人，而不再可能是自上而下的正面向法官施压。审判独立制度建立之后，加之以完善司法公开和司法监督的制度建设，将成为减轻乃至杜绝司法腐败的有力武器。

(二)管辖权驱动模式及其意义

司法改革为什么难以推动？其中一个不可忽视的原因，即是司法改革的政治化逻辑。这也正是《中国司法改革年度报告(2010)》重点提出和分析的问题。不触动政治体制，在现有框架下，司法改革是否能够推进？笔者认为，"管辖权驱动模式"恰逢其时。所谓司法体制改革的"管辖权驱动模式"，即摆脱政治化逻辑，以司法管辖权为改革的启动点和核心推动力，通过司法权内部调整，撬动整个国家权力体系(主要是司法权与行政权)的系统梳理。其意义有以下方面：

首先，采用"先易后难"的策略。简单地说，即先解决容易的问题，再慢慢解决难题，最后再解决目前看来似乎不可能解决的问题。目前，司法改革的确面临诸多困难与阻力。但需要想一想，哪些是真正的困难，哪些是想象中的困难，哪些只是某些部门为了自身利益而抛出来的"假"困难。即，对待困难应分层分级处理。实际上，很多困难是利益集团的阻碍，例如,为什么不能从法院系统内部提升司法的独立性?上下级法院之间为什么不能做到彼此审判独立?为什么一些改革措施反倒要将上下级法院之间的监督关系转化为领导与被领导的关系?通过管辖权制度体系的重新设计,可以在很大程度上屏蔽掉利益集团的纷扰,通过严格、高效、可操作的管辖规则实现司法改革的根本性突破。

其次,管辖权制度不仅是法律技术问题,也是司法资源的内部配置问题。近几年,中共中央司法改革领导小组经常提到"司法改革的攻坚年"。司法改革"坚"在何处?笔者认为,其集中体现于司法改革的政治化逻辑。司法体制是政治体制的一部分。政治体制改革长期被视为禁区,改革举步维艰,因此,作为政治体制一部分的司法体制若要改革,被视为很可能牵一发而动全身。这样的误解导致司法体制改革长期以来陷于停滞状态,改革的政治化逻辑已成为前进的桎梏,阻碍法治建设的进程。而从法律技术的角度推进司法改革,具有广阔的空间。在坚持社会主义道路和坚持共产党领导的政治底线的基础上,大多数的问题在理论上都可以转化为法律技术问题考虑并加以完善。比如,审判委员会制度改革长期没有进展,一个主要原因是被误认为"政治"问题。审判委员会成员主要由法院领导和庭室领导组成,是行政管理模式在司法活动中的集中体现。实际上,该制度可以视为司法职权配置的技术问题。在这些法律技术中,管辖权制度与司法体制关系更密切,其虽然只属于司法资源的配置问题或司法权内部调整问题,但可以"四两拨千斤",达到推进整个司法体制甚至国家权力体系变革的目的。

第三节 管辖权在司法体制改革中的功用

司法管辖权,是一种需要清晰、合理界定的政治权力。在党的十八届三中全会要求以"国家治理现代化"(具体表述是"国家治理体系和治理能力的现代化")为治国施政核心理念而全面推进改革之后,十八届四中全会又明确地要求"全面推进依法治国"。两次全会的基本精神一脉相承,相互呼应,给出新的历史起点上在深化改革中全面推进依法治国的"顶层规划"性质的指导和部署。十八届三中全会《关于全面深化改革若干重大问题的决定》提出了"探索建立与行政区划适当分离的司法管辖制度"的改革任务;到了四中全会,《关于全面推进依法治国若干重大问题的决定》明确提出了关于"优化司法职权配置""完善司法体制,推动实行审判权和执行权相分离的体制改革试点"的重要措施,即设立最高人民法院巡回法庭,审理跨行政区划重大行政和民商事案件;设立跨行政区划的人民法院和人民检察院,办理跨地区案件。2014年12月2日,以习近平总书记为组长的中央全面深化改革领导小组第七次会议,审议通过了《最高人民法院设立巡回法庭试点方案》和《设立跨行政区划人民法院、人民检察院试点方案》。这两项改革试点,推向实际操作中的先行先试,并寻求"可复制、可推广"制度经验;不仅涉及司法管理体制和司法权力运行机制深层次问题,也触动我国政府层级间事权划分与配置格局。改革中包含的促使中央、地方事权合理化的改革取向与司法格局改造的实质,是把我国的很大一部分司法管辖权上提,转变为国家中央层级的高端事权。之所以要以此为取向,制度安排的内在逻辑,正是最大限度地顺应客观规律,排除原区域司法管辖权对民商事案件审判可能产生的干扰因素,从而追求和维护"法治化"框架下尽可能充分的、公平正义的社会功效。

党的十八届四中全会《关于全面推进依法治国若干重大问题的决定》指出,必须完善司法管理体制和司法权力运行机制,规范司法行为,加强对司法活动的监督,努力让人民群众在每一个司法案件中感受到公平正义。为贯彻这一导向,有效维护社会公平正义,在依法治国、经济改革与司法体制改革的"结合部"上,司法管辖权配置合理化的问题,显得尤为重要。总体而言,管辖权与司法体制的关系可从如下三大层面进行描述。

一、本质趋同

纵观中国的近现代法制史,自晚清新式司法在中国创建以来,司法权成为主权国家权力的一个重要组成部分,司法改革几乎每隔一段时间就会被提及,方案层出不穷,然而困扰中国司法的问题却一直没有真正解决。之所以会如此,原因颇为复杂。然而,改革的动机正是其中一项诱因:有的改革仅仅是为了解决眼下的问题,维持现有秩序稳定,缺乏长远和整体的规划和价值正当性的考虑,甚至有时罔顾司法的内在发展规律。而有的改革又走向了另一极端,仅重点关注价值层面,不充分考虑现实国情,导致改革过于理想化而最终付诸东流。这些都是我们必须汲取的教训。因此,在启动新的一轮司法改革时,我们应重新审视司法权及其在整个国家权力建构中的地位和功用。司法权是现代国家的一项必不可少的公权力,它除了具有解决纠纷、保障公民权益的功能外,还是限制行政权力滥用的重要手段,同时也是社会转型时期调和立法与社会,平衡权力、权利之间关系的一种重要制度。从这个意义上说,司法改革的本质即是重建现代国家权力结构。

而管辖权经过罗马法上"司法管辖权"的萌芽,到近代"二元论",现代司法管辖权已经建立在"权力制衡"理论之上。在国家权力逐步分化的过程中,"管辖权"也逐渐的从"主权国家"的综合概念中脱离出来,依附于立法机关、行政机关和司法机关,而出现了立法管辖权、行政管辖权与司法管辖权。现代司法管辖权体现了主权国家在司法上的权威,其逐渐演化为一种纯粹的国家职能,成为主权的重要分支,并由罗马法萌芽时期的"个人权利"彻底转变为"国家权力"。因而,管辖权制度调整其本质同样为国家权力结构的变革。管辖权与司法体制改革在本质上具有趋同性。

我国传统的观点认为,司法机关包括法院和检察院,甚至还包括公安机关、安全机关及海关下属的缉私侦查机关、监狱机关等。如陈瑞华教授通过阐述司法权的程序特征(被动性、公开性和透明性、多方参与性、亲历性、集中性、终结性)、组织特征(法官职业化、民众对司法的参与、合议制及上下级司法机构之间的独立性)和司法权的独立性(法院整体独立、法院内部独立、法官身份独立、法官的职业特权和法官的伦理准则)等基本特征[①],论证了司法权即法院裁判权的判断;之后,学者们纷纷论述检察权不是司法权。如认为检察权的首要价值是效率而非正义,不宜把检察权归入司法权范围。而对于司法机关仅指法院,即"法院司法"内涵的理解上,有学者将其主要观点归纳为"判断权说""多元权力说""裁判权说""独立权力说""二元权力说"和"案件权力说"后,经比较研究后认为"司

---

① 陈瑞华:"司法权的性质",《法学研究》2000年第5期。

法权是法院享有的,对纠纷当事人的事实问题主张和法律问题主张依法进行判断,以维护法的价值的终局性的权力",即(法院的)"判断权说"①,而不包括司法执行权。也有学者将我国司法权理论划分为"大司法权说""三权说""多义说""两权说"几个理论版块,并比较研究了晚近出现的"判断权说""权威说""裁判权说"后认为,"判断权说"与"裁判权说"之间基本上具有共通性和一致性,都具有积极意义,但都有待进一步深化,提出了以审判权为核心,由案件受理权、审判权、司法解释权、司法审查权、程序规则制定权和司法事务管理权"六要件"构成的司法权结构说②,同样不包括司法执行权;有学者则认为,独立的司法包括管辖独立、审判独立、执行独立和司法行政事务独立③,换言之,司法权系法院享有的管辖权、审判权、执行权和司法行政事务管理权。当然,目前官方说法还是司法机关,包括法院和检察院。

二、内外因素

司法制度是一个国家政治体制、社会发展程度和民族文化,甚至国民素质和行为方式的综合体现。公正、高效的司法事关每一位公民的利益,但如果审判不能独立,审判不能成为整个诉讼的中心,公正和高效的司法就难以实现,而没有公正,司法的权威也无从谈起。通过前述分析,我们不难发现,目前中国司法所面临的问题,既有外部原因,也有法院自身的因素。尽管司法改革的推行离不开外部各方面配套的改革,离不开社会各界的理解和支持,但是,改革成功的关键仍在于司法体制内部,其中,管辖权制度则是决定其成败的关键之一。如果不采取"探索建立与行政区划适当分离的司法管辖"制度,则司法权被行政权干预的问题,司法权地方化的问题就难以根本解决;如果不建立统一、高效的法院内部人事、财政管理制度,对审判资源进行精细配置,则司法行政化问题将愈演愈烈;如果不能科学地构建层级管辖制度,则审判独立问题不能获得有效的解决。

---

① 孙万胜:《司法权的法理之维》,法律出版社2002年版,第2~4页。
② 胡夏冰:《司法权:性质与构成分析》,人民法院出版社2003年版,第235~266页。
③ 谭世贵:《司法独立问题研究》,法律出版社2004年版,第88~104页。

三、主次矛盾

管辖权问题是司法体制改革的主要矛盾之一。我们仅以跨行政区划案件司法审判权的设置为例。按照传统的事权划分,司法管辖按报案、立案的属地原则,审判权是在地方,但实际生活中大量的民事案件中所涉及的利益关系,却是跨行政辖区的,比如,由A省主持案件审判,利益关系却可能关联到B省、C自治区,甚至到国外。现实情况下,A省的"地方本位主义""地方保护主义""近水楼台先得月"的"关系户"因素等,可能会一拥而上地作用于当地法院、检察院、政法委等相关主体,干扰案件审判的公正性。大量的事例表明,我国司法公信力的不足,固然有多方面的原因,但其中来自这种审判权制度安排的"扭曲空间"的存在及其作用因素,是其中的一个重要方面。我国年复一年、日复一日的跨行政区划案件审理结果中,所积累的司法不公因素,也表现在引致了为数不少的"上访"事件与"不安定"的社会问题。最为合理的司法管辖权与政府层级事权的安排,是把此类跨区域案件一律交由中央层级审理,脱离地方管辖。为了"努力使人民群众在每一个案例中都感受到公平正义",我国显然亟需在"事权划分"上处理好"问题导向"的配套改革,把原属地方的这种司法管辖权向中央层级事权转变,具体形式便是当前正在试点推进的巡回法庭、和跨行政区划的法院的设立及运行,并相应调整财政的财力保障安排。新的审判权力运行机制与传统审批模式的磨合,必然会经历一个调试的过程。可想而知,管辖权改革在财政改革和司法改革相结合的切入点上,深刻地触及了原有的权力架构和利益格局,具有"攻坚克难"的性质和特点。因此,管辖权制度不仅与司法改革在本质上相同,更是决定司法改革功败垂成的内部因素,是冲破司法改革藩篱的主要矛盾。

第二章 运行论:民事诉讼管辖权制度弊端与司法体制困境

管辖权制度与司法体制改革问题紧密相关。在司法体制改革背景下,厘清二者的关系脉络,考量二者间的运行与互动,将是我们探索司法改革新的驱动模式步骤中不可或缺的一环。当前我国民事诉讼管辖权弊端与司法体制困境存在内在耦合关系,构建新的审判权力运行机制。

第一节 民事诉讼管辖权制度弊端

作为民事诉讼的基本制度之一,管辖是诉讼程序启动的首要问题,亦是行使司法权的前提条件。然而无论是在民事诉讼立法上,还是在诉讼实践中,我国的民事诉讼管辖制度尚存弊端。

现行《民事诉讼法》中,存在级别管辖标准不确定、诉讼标的额立法盲点、管辖异议制度不适应法制现代化要求、对当事人程序权利保护欠备、缺乏违反或规避管辖的救济和惩罚措施等诸多不足,这使管辖制度在实际运作过程中发生偏差,以至影响了管辖制度本身的权威性和民事诉讼程序的有序开展。司法实践中,最高人民法院根据现实审判的需要,制定了大量民事诉讼管辖方面的司法解释,在切实解决了部分问题的同时,也出现了多处疏漏、重复甚至冲突,其解释效力遭受质疑;同时,地方法院适用管辖规则的标准不一,当事人规避、曲解和违背法律现象层出不穷,个别人民法院在诉讼费利益驱动和地方保护主义的双重目的下积极争抢管辖,直接威胁到司法公正与司法权威。

一、级别管辖:利益驱动下的司法不公

级别管辖是从纵向确定不同级别法院之间一审民事案件管辖权限的制度。按照《民事诉讼法》的设置标准,各类案件应首先确定由哪个层级的法院作为对应的初审法院。从管辖权分配的角度来说,它的主要功能是解决不同层级法院之间管辖权的纵向分配问题,通过这种划分的限定与分工,得以确定哪一些案件应当由哪一个级别的人民法院管辖,实现不同级别法院在整个司法体系中的使命定位和职责履行。当然,应当注意的是,级别管辖并不能直接确定案件由具体哪一家人民法院来进行管辖,因为它的设置无法确定案件的横向分配问题,而后者是地域管辖规则的作用所在。

具体来说,级别管辖权的制度设计目的主要有三:第一,级别管辖是司法资源纵向分配的一种方式,即司法资源在不同层级的纵向配置。第二,级别管辖涉及不同层级法院的权限与分工。法院系统的体系化设置不仅要考虑到制度设计成本,还要充分考虑到当事人的诉讼权利以及司法公正等制度价值。不同级别的法院间由于人员配备与审判素质的差异,其对案件的承载能力存在差别。级别管辖即为充分考虑到不同法院的能力与权限而做出的级别层面的分工。第三,反向思考之,如果没有级别管辖的制度设计,那么具体案件的上诉程序如果交由多个不同法院审理,则会造成管辖权冲突。同理,如果一个案件没有法院接手审理,则又是一种消极的管辖冲突。均应由基层法院管辖。根本上来说,级别管辖的设计有利于消除管辖权的积极冲突和消极冲突。

我国现行民事诉讼法对于级别管辖的设定依据主要参考以下因素:其一,案件性质。不同性质的案件其级别权限不同。其二,案件简易程度。复杂的案件审判级别一般较高。其三,案件的影响程度。一般的,其影响程度与案件标的额成正相关关系,因此标的额较大的民事案件,其级别管辖级别较高。在具体民事案件审判实践中,案件标的额已逐渐成为一种具体的、可量化的判断标准。

总体来看,级别管辖制度实践中存在以下问题。

1. 民事案件级别管辖划分标准缺乏可操作性。

如前所述,我国民事诉讼法及相关司法实践是依据案件性质、案件影响等因素划分级别管辖,实践中案件金额成了一个简单而易于操作的具体标准。① 而根据《最高人民法院关于适用〈中华人民共和国民事诉讼法〉若干问题的意见》第3条的规定,各地高级法院在充分衡量本地区经济发展状况及其地域差异后,可以量化管辖权的金额标准,并以此作为划分地域管辖的客观依据。2015年5月1日起实施的《关于调整高级人民法院和中级人民法院管辖第一审民商事案件标准的通知》,当事人住所地均在受理法院所处省级行政辖区、当事人一方住所地不在受理法院所处省级行政辖区,按照地区经济发展状况,根据诉讼标的额大小,分为婚姻、继承、家庭、物业服务、人身损害赔偿、名誉权、交通事故、劳动争议等案件,以及群体性纠纷案件,一般由基层人民法院管辖。对重大疑难、新类型和在适用法律上有普遍意义的案件,由上级人民法院自行决定由其审理,或者根据下级人民法院报请决定由其审理。

这就可能在现实中催生出这样一种情况,即在法律、司法解释没有明确规定某类案件归由中级法院或其他适用集中管辖的情形下,对于一般案件的级别管辖判断标准,由争议金额逐渐替代了"三结合"的法定地位。对于案件中存有具体财产的,其具体金额的划定具有主观性,比如知识产权案件,在专利有效期内,专利价值可能上千万,这需要专门的价值评估机构充分评估,而对于可能面临无效的,其价值几乎等于零。由此我们不得不考虑级别管辖制度的限制问题。

其一,诉讼标的价值会随着市场变化及评估方的主观性而变动不居,房地产纠纷就是最普遍与突出的例子。

---

① 姜启波、孙邦清:《诉讼管辖》,人民法院出版社2005年1月第1版,第23页。

其二,诉讼请求中标的物所带来的孳息总额不确定性,如借贷关系中的利息与罚息、房屋所有权与租金等。

其三,原告主张中多个诉讼请求并存的情况。

其四,起诉后变更诉讼请求或者变更原诉讼请求数额。

2. 级别管辖权转移的弊病

管辖权的转移是指管辖权的级别转移,即某一案件的管辖权基于特殊情况不适合由原审法院审理,上级人民法院可以基于命令而提级审理,也可以基于下级人民法院的同意而下放审理。一般而言,管辖权的转移必须同时具备以下三个条件:其一,案件已被法院充分受理,即将进入审判程序;其二,被移交的级别法院对此案件应当具有无可争议的管辖权限;其三,两个法院是移交与被移交的管辖,同时也是上下级关系。我国《民事诉讼法》第39条规定了管辖权转移的具体情形。其一是下方转移,即经过上级人民法院决定或同意,案件由本法院交由下级人民法院审理;其二是上调转移,及上级人民法院以决定的方式,经行把下级人民法院审理的案件提审,或下级人民法院依申请报请上级法院提审。其实,理性上来说,管辖权的上调转移对于案件来说可能更加符合司法公正,因为上级人民法院无论从人员配备还是审判素质和经验上来讲都优于下级法院,因此允许案件的上调性转移。但是实践中,我国的上调转移制度仍存在不少弊端。

首先,上调性转移存在弊端。从保证当事人平等诉权和有利于正确审理案件的角度上讲,各国普遍对案件的"上调性转移"持肯定态度。德国《民事诉讼法》第10条规定:"对于执行法院的判决,不得以其属于初级法院管辖为理由而申明不服。"日本《民事诉讼法》第30条第2款规定:"地方法院在诉讼虽属于其管辖区域内简易法院管辖的情况下,但认为适当时,也可以不顾前款(由于违反管辖而移送)的规定,依据申请或依职权,就诉讼的全部或一部分自行审理及裁判,但关于诉讼有专属管辖规定时,不在此限。"国际通行允许案件"上调性转移",并将此直接规定为法院的职权是存在着一定合理性。因为一般的观点认为,上级法院的法官素质和抗干扰能力比下级法院强,这样上调更适于案件的正确处理。然而,在我国民事诉讼实践中,对案件管辖权的上调性转移存在着下列问题:

(1)增添了当事人为诉讼所支出的成本。

(2)容易导致案件移送期限的拖延,案件审理久拖不决。

(3)违背了当事人特别是原告当事人的诉讼意愿。

(4)成为原审法院逃避审判职责的途径。在审判实践中,原审法院对于案情较为复杂审理难度较大或者人情干扰难以决定的案件,往往运用《民事诉讼法》第三十九条第二款的规定逃避审判职责,违反了不得拒绝裁判的普遍司法原则。

(5)可能造成上级法院任意干预下级法院案件审理。

笔者认为,案件的"上调性转移"可能造成当事人诉讼成本的增加,不便于当事人行使诉权,而且将当事人对于级别管辖的正当请求置之不理,本身亦是对民事诉讼权利的漠视。更何况,并不排除上级法院出于非正当目的而依职权调取本应由下级人民法院审理的案件。至于破除办案干扰,保障案件质量的问题,诉讼制度已经设置了审级制度就此予以了规制。

其次,下放性转移亦存有弊端。长期以来,在审判实务中存在着这样一种中级法院将管辖权转移给基层法院的现象:中级法院根据基层法院的要求下放管辖权。其中往往有一部分是由于原告明知诉讼属于中级法院管辖的情况下,故意向基层法院起诉,这样做的原因通常有两点:一是因为自己或诉讼代理人同该基层法院的法官熟,希望通过熟人关系得到照顾,获得对自己有利的裁判;二是为使自己所在地的中级法院能够成为诉讼的终审法院。后一种考虑显然同地方保护主义有关。当原、被告的住所地属同一高级法院辖区而分属不同的中级法院辖区,诉讼依法可以由原告所在地的中级法院管辖时,为使本地法院能够成为终审法院,原告故意向不具有管辖权的本地基层法院提起诉讼。此种状况长此以往,大大助长了管辖无序的风气,恶化了法院与当事人的诉讼关系,极大增强了滋长寻租审判权的可能性。而我国现行民诉法规定的"下放性转移"其最初的立法目的主要是更合理地均衡上下级法院的分工,减轻上级法院的审判压力,但司法实践中对"下放性转移"的歪曲和滥用已造成了对民事诉讼制度的极大破坏,除了上述弊端外,我国民事诉讼中管辖权的下放性转移还有以下几方面的缺陷和危害:

(1)它与民诉法确定管辖的公正、公开和保障当事人的平等诉权等基本原则相违背。

(2)它与确定的级别管辖的原理相矛盾,使得上、下级法院级别管辖的分工失去了含义。

(3)缺乏相应的救济程序,为管辖权下放性转移打开了制度上的方便之门。

(4)损害了当事人的审级利益,使其丧失了向更高层次的人民法院进行诉讼活动的权利。

二、地域管辖:司法地方化的温床

现行《民事诉讼法》确定地域管辖的主要根据有二:第一,人民法院辖区与行政管辖区域相一致,使诉讼当事人的所在地(尤其是被告的住所地)与人民法院辖区内之间存在一定的联系,当诉讼当事人的所在地在某一行政区域内时,诉讼就由设在该行政区域内的人民法院管辖。第二,诉讼标的或者法律事实同人民法院辖区之间存在隶属关系。即诉讼标的或者法律事实在哪个法院的辖区内,案件就由该辖区内的人民法院管辖。这种司法辖区与行政辖区相一致的地域管辖制度,无疑会加重司法地方化问题。目前,不仅法院争抢管辖案件的现象还时有发生,而且"县法院审不了县政府"的怪象依然没有得到解决,贪腐高官也依然要被送至异地进行审理,甚至于,这些本应是非常态的现象反而在一些文件或政策的"保驾护航"下,异化为一种常态化的制度。例如,浙江省高级人民法院和浙江省人民检察院就曾于2008年联合颁发了《关于以法院工作人员为被告人的刑事案件实行异地审理的通知》(浙高法〔2008〕307号),明确规定以包括法官、书记员、执行员、司法警察以及其他行政编制、事业编制人员在内的所有法院工作人员为被告人之刑事案件一律要实行异地审理。另外，山东省2013年实行一项新的审理案件的方式，行政案件集中管辖异地审理①，即一个管辖区域的行政案件，将会到其他司法管辖区进行审理，目的就是要避开原司法区域内的政府、社会团体等的不当干涉，确保维护社会公平正义。而此举也确实起到了一定的作用，司法实践中也出现了相关典型案例。②

我们不得不承认浙江省最高法的规定与山东法院推行的这些举措都是有益的尝试，在一定程度上也能够防止地方权力妨碍审判的独立性和公正性，维护法律正义。但这些事实无疑也反证了一个问题，即我国的司法地方化问题依然没有得到真正解决。

三、审判管理：司法行政化之肇因

目前中国法官的职业尊贵感普遍缺失，工作任务繁重，且面临很大的压力。在审判实践中，司法的行政化趋势不断加剧，行政化的层层审批制，合议庭"合而不议"，审委会"审者不判，判者不审"等问题，导致裁判错误的责任不清，审判的效率不高，上下级法院的内部请示代替了不同审

---

① 行政案件集中管辖是将一个中级法院司法辖区内基层法院的行政案件全部集中在某两三个特定的基层法院予以受理和审判。这样做虽然会起到一定的积极作用，但是这也会导致部分未行使集中管辖权的法院出现无案可收，造成行政审判资源浪费的现象，最终造成法官缺乏行政案件审理方面的经验，业务能力下降。因此，在实践中应当充分考虑这些因素，进一步深化司法体制改革，加强司法的独立性，真正解决百姓的难题。

② 张淑英本是某县酒厂员工，后本厂破产，被重组为其他公司。在重组时，县政府就承诺：县酒厂现有资产变现所得及国有土地使用权证拍卖所得，除上缴出让金之外的剩余资金，按照法定程序全部用于解决拖欠职工工资、职工在岗期间欠缴的养老保险金以及退休人员一次性补充养老保险金、职工集资、应付账款和解除劳动合同补偿金等问题，不足部分由财政负担。后来由于效益不好，张淑英被迫下岗，而单位也拖欠了五六万元的养老保险金等费用，政府也没有履行其承诺，结果县政府被告上了法庭。按照"行政案件集中管辖异地审理"的宗旨，本案不是在本地法院审理，而是由中院将本案指定到另一个县齐河县法院审理。齐河县法院经过审理，判决原告张淑英胜诉。后被告不服提起上诉，中院进行了终审判决，驳回上诉维持原判。

级的独立裁判,由此带来人情案、关系案、腐败案件也是层出不穷。当前改革提出要"让审理者裁判,由裁判者负责",是真正意义上触及了审判权力运行机制改革中的核心问题,即司法的去行政化。

司法权本质上是一种判断权,其要害是反权力的,其核心是凭借司法者的理性、良知、经验、智慧,独立负责地行使自己的职责。权力不清、责任不明,不仅降低了办案人员主动提升审判质量的积极性,也为个别司法人员徇私舞弊创造了条件,这种做法还会导致一些法官得过且过、不思进取,没有动力去提高办案质量。为此,司法必须遵循司法职权的内在需求,按照司法职权行使的规律,根据司法工作的特点和需要进行完善、改革。法官作为独立的职业和个体存在,要求法官履行职务时,除了受法律及良知的拘束外,不受任何干涉,法官所进行的司法活动以及整个司法行为,应该在法律规定的范围内、依照法定的程序独立自主地进行,排斥其他外在力量的干预和影响。法官职业的特殊性、专业性,继续套用行政机关职务层次和管理模式,只会使得法官职务的司法属性被淡化,只会挫伤法官工作的积极性和创造性。

要实现司法改革的去行政化,需注意这样一些问题:

(1)提高法官的准入门槛,大力推进法官职业化、正规化、专业化进程。既然案件要有法官独立审判、独立负责,就要努力造就一支高素质的法官队伍,建立一个有别于一般公务员的法官选任、培训、晋级和惩戒制度,注重从职业品德、专业知识、实践经验、廉洁良知等方面培养遴选法官,建立以提高法官职级、工资和福利待遇,确保法官享有任期保障、人身安全保障及职务行为豁免保障,提升法官的职业尊荣感。

法官等级晋升是一个系统工程,如何细化法院分类人员管理是一个难题,根据地方案件数量、区域科学确定法官配置人数是一个新的课题。推进人员分类管理改革,建立符合司法规律的考核机制,激励优秀人力资源向办案一线倾斜。如何科学评判法官的工作业绩,如何分配案件,也是一个现实问题。

(2)逐步剥离司法的行政管理职能,淡化和消除行政层级的影响,弱化行政控制,坚决杜绝法官之上的"法官"。院长、庭长是法院审判执行的精英,但现实中他们往往忙于行政化的事务管理,或者负责法律文书的签发把关,不但造成司法资源的浪费,而且存在未审先决、判者不审的情况。应当去行政化管理,院长、庭长也是法官,而且应该是该法院最好的法官。在案件审理、组成合议庭的过程中,他们可以作为审判长,参与到审判当中,以此提高各级法院的案件审判质量。只有从院长、庭长开始"去行政化",才能逐步实现司法改革的最终目标。只有他们作为审判长参与到审判中,才能真正提高案件审判质量;其次应理顺院长、庭长与审理者的关系,充分做到审判者裁判,当院长、庭长对承办人所办理的案件有不同看法时,应当制作书面意见存于卷宗,以防不正当干预。

这次《决定》中明确提出,改革审判委员会制度,完善主审法官、合议庭办案责任制,让审理者裁判、由裁判者负责。改革就是要合理构建审判权、管理权、监督权三者之间的关系,形成以审判权为核心的审判权力运行体系。

(3)进一步健全审判委员会制度。审判委员会制度是我国一项重要的审判制度,重大疑难案件由审委会讨论决定,有利于保证审判质量。但这一制度的问题在于运行的程序不规范,不进行开庭审理、不听取双方当事人的辩论意见,不让代理律师参加,仅凭办案法官的书面或口头汇报提出问题、进行讨论、做出决定,使得诉讼的基本原则被架空,因此必须改革。实行主审法官负责制,应当弱化审判委员会在个案审理上的功能,建立审判委员会讨论案件的过滤和分流机制,加大审判委员会委员担任审判长审理重大疑难复杂案件的比例,改变审判委员会的"挡箭牌"作用,不能代替主审法官承担错案责任,真正实现"由审理者判决,由判决者负责",进一步健全完善审判委员会最终决议及形成理由在裁判文书中公开的制度。

(4)建立违反法定程序过问案件的备案登记报告制度、说情公开制度,对非法干预人民法院依法独立办案行为,建立干预人员的披露制度和问责制度。对不当干预人民法院审判和执行工作的行为,纪检监察部门及时介入,及时调查,形成全社会支持人民法院依法独立公正行使审判权的良好司法环境。

四、新型诉讼关系：传统管辖权制度规则的新挑战

随着当代民商事交往实践的飞速发展，现实中，诸如知识产权案件、环境资源案件以及证券诉讼案件等呈现出较强专业性和复杂性的特殊民商事诉讼案件，已然向传统管辖权理论规则及其适用提出了挑战。知识产权案件、环境资源案件及证券诉讼案件均具特殊且相似的诉讼结构：很多情形下，当事人的涉案行为不仅属于民事诉讼的范畴，还可能涉嫌违反行政法规的禁止性规定，甚至触犯刑律。其民事、行政、刑事程序相互交织影响，甚至互为前提。这对于人民法院处理此类新型诉讼案件的技术化和专业化均提出了较高要求。

由于我国大陆地区对知识产权采取行政与司法双轨制保护，及知识产权固有的法定性特征，致使知识产权领域公法保护日渐深入。而该立体保护模式极大催生了一种颇为复杂的知识产权法律关系，既可能涉及民事又可能牵扯进行政甚至刑事法律关系。这些法律关系在法律事实上相互联系，在处理结果上互为前提、因果，导致司法实践中知识产权民事、行政、刑事交叉案件屡见不鲜。为此，知识产权审判推行三审合一制度，将涉及知识产权的民事、刑事和行政案件全部集中到知识产权审判庭统一审理。如案件涉及刑事或行政诉讼的，则分别提请刑事审判庭、行政审判庭的法官与知识产权庭法官共同组成合议庭审理。较之审判分立模式，合一的优势有目共睹，但其依然属于改革进程中的一环，管辖权中的问题仍难以避免。主要体现在，级别管辖的差异依然存在，无力杜绝知识产权案件同案不同判。虽然，不少试点法院如福州市鼓楼区人民法院、武汉市江岸区人民法院经最高人民法院批准已具备审理所在城市全市范围内的部分知识产权民事案件，部分解决了知识产权行、刑案件管辖级别低，民事案件管辖级别高的矛盾。但囿于最高人民法院的司法解释，涉及专利、集成电路布图设计、植物新品种等专业性较强的民事初审案件仍由指定的中院管辖，而《中华人民共和国刑事诉讼法》第二十条仅将危害国家安全、涉外及可能判处无期或死刑的普通刑事案件的初审权提交中级法院。两大诉讼法不同的价值选择，致使上述案件刑事部分由区法院一审，但若受害人想依据《中华人民共和国刑事诉讼法》第七十七条提起刑事附带民事诉讼，受案的区法院对民事诉讼部分却无能为力，只能由中级人民法院审理。不过，受制于基层法院审理此类专业诉讼审判人员的匮乏，下放该类案件的民事审理权又为时过早。因此，知识产权案件"三审合一"并不当然使"同案不同判"绝迹。

《国家知识产权战略纲要》明确提出"完善知识产权审判体制……研究设置统一受理知识产权民事、行政和刑事案件的专门知识产权法庭"。上海、湖北、广东、陕西、重庆等地法院积极进行探索，根据本地区的实际推行知识产权"三审合一"，逐渐形成了"浦东模式""武汉模式""珠海模式""西安模式"和"重庆模式"等。例如，"浦东模式"为：基层法院知识产权庭统一审理辖区内知识产权民事、刑事和行政案件，上诉审也集中于中院知识产权庭，从而实现了横向和纵向上的"三审合一"；"武汉模式"为：基层法院管辖本辖区的知识产权普通民事案件和整个武汉市的知识产权刑事和行政案件，上诉后统一由武汉市中级人民法院知识产权庭审理。"武汉模式"实现了集中审理的彻底性。首先，在上下两级法院都成立专门的知识产权审判庭；其次，上下两级法院知识产权庭都实现了两个层面集中审理知识产权民事、刑事、行政案件；第三，上下两级法院的知识产权审判庭，实行知识产权审判业务对口指导和监督，形成了在武汉市法院管辖范围内纵向审级上完全、彻底的"三审合一"模式。具有地区特色的"三审合一"模式正在逐步完善和成熟。在"三审合一"模式基础上，我国知识产权专门法院经过多年的理论探索和调研论证，已作为人民法院新一轮司法改革的重要突破口，于今年破题试点建立。这必将为知识产权民事诉讼管辖权的调整与革新赋予新的生命力。

2013年12月，江苏省高院出台《关于开展环境资源案件"三审合一"集中审判的若干意见》，将环境资源案件纳入集中审判模式。其中，对案件实行集中管辖是该《意见》的核心内容，即环境资源类的刑事、民事、行政、及非诉行政执行案件统一由（行政庭设立的）环保合议庭或专门环保审判庭审理。环境资源民事案件主要有环境污染侵权民事诉讼案件、环境民事公益诉讼案件、以及涉及环境资源的部分物权纠纷案件。有学者认为，环境案件走司法专业化道路是世界潮流。像知识产权、林业、铁路案件审理一样，环保案件的审理同样需要专业法庭。资源环境案件审判专门化、集中化，推行"三审合一"集中审判模式，旨在进一步强化生态文明建设司法保障，提升资源环境案件的审判专业化水平。

我国证券市场经历了二十余年的跨越式发展，已成长为全球规模最大的证券市场之一。随着"自贸区"概念的提出，我国金融改革步伐加快和资本市场开放程度加深，证券民事诉讼殊于一般民事诉讼的特征，亦使得其管辖权制度成为司法实践中不容回避的难题。主要表现在，证券电子化发行交割与跨境间接持有的结合，使得"物之所在地"在证券权益诉讼中难以寻得依附；金融全球化和交易关系网络化背景下，不同地域、不同国别的非特定多数人因遭受损害而主张诉讼救济时，传统侵权管辖中的"行为地""效果地"面临适用上的困境。另外，随着证券法的日益公法化，合同自由受到限制，证券合同中的协议管辖亦遭遇逻辑自足上的诘难。最高人民法院于2003年1月9日出台的《关于审理证券市场因虚假陈述引发的民事赔偿案件的若干规定》，采用"集中管辖"的做法，规定证券虚假陈述诉讼的一审案件全部由省会城市的中级人民法院和经济特区的中级人民法院管辖。此"集中管辖"的原因有二：第一，证券类诉讼在我国尚属新事物，法院在处理相关案件时几乎无先例可循。而现有证券立法大多只是对侵权责任作了原则性规定，缺乏可操作性，于我国的审判实践而言，无疑只有隔靴搔痒之效应。而涉外证券侵权纠纷往往案情较复杂，诉讼标的额也较大，因此，出于对法官整体素质及能力的考虑，将证券侵权诉讼进行上述"集中管辖"处理。第二，试点性的将管辖权统归于省会城市和经济特区的中级人民法院的做法，虽然可能给当事人诉讼带来某种程度的不便，但对仍处于探索阶段的我国法院来说，客观上有利于法院积累相关的司法经验，更有利于保证案件的审判质量。因此，现阶段，

"集中管辖"不失为一种过渡性的合理选择。假以时日,根据相关司法实践发展的趋势,必要时可经由最高人民法院指定,再逐步扩大上述争议的管辖法院范围。

目前,针对这些特殊的民事诉讼领域,宏观层面,通过调整审判资源在人民法院系统内部的分配,来带动和实现管辖权机制的革新;而微观层面,则通过借鉴典型国家对于相关管辖权制度的经验得失,为我司法改革概念下的管辖规则寻绎坐标,探索各类新型诉讼案件的管辖权依据之演变。

第二节 司法体制困境

从十五大报告到十七大报告均提出要推动司法体制改革,十八大报告进一步明确了"法治是治国理政的基本方式",并提出"进一步深化司法体制改革,确保审判机关、检察机关依法独立公正行使审判权、检察权"。这些表述说明司法作为社会治理体系中最重要的组成部分之一已经为国家领导高层所持续关注。近年来,中央虽然推行了一系列的司法改革措施,但都是在既有的司法体制框架下的工作机制改革,由于刻意回避了当前司法在体制上的问题,实际成效有限,理论界和实务界多数学者倾向认为司法改革趋于停滞,司法体制的行政化、地方化、官僚化、政治化等根本性弊端有增无减,法院的权威性和司法审判的独立性进一步降低。

十八大后,党的新一届领导集体提出要将权力关进笼子里,这也是建设法治国家的应有之义,但要想真正关住权力这头猛兽就必须要编制结实的笼子,笔者认为独立且具有权威的司法制度正是能够关得住权力的笼子。而我国现行的司法体制肯定是无法完成把权力关进笼子里的历史使命的,因此必须对我国的司法体制进行改革,树立司法权威,使之能够适应市场经济的发展、能够充分保障宪法赋予公民的各项基本权利以及能够担负起维护社会公平与正义的重任,从而为法治国家建设保驾护航。

根本上来说,司法权作为与立法权、行政权并列的国家权力,源自近代分权学说。在洛克、孟德斯鸠的三权分立学说中,司法权处于弱势地位,为了使这个权力三角具有持续的稳定性就必须保证司法权的独立。目前许多发达国家都确立了法院的独立与自治地位,并建立起了完善的法官职业保障制度。市场经济体制的确立并向深入发展以及对外学术交流的增多,使国家领导人和学者们的眼界越来越开阔,也越来越多地认识到司法制度在国家治理和保护公民权利等方面的重要作用。自1997年十五大后,司法改革引起了社会各阶层的广泛关注,也成为学界研究的热点。学术界对中国司法改革的研究内容,主要有司法权的一般理论,中外司法改革的比较研究、司法审判独立的制度建设、司法机关与其他国家机关关系、司法权威的建立途径、法院内部管理体制、司法权的监督等几个方面。

在党和国家的层面上:从1997年的十五大,到2012年的十八大报告,乃至2013年的十八届三中全会,均对司法改革予以关注,而且重视程度越来越深。在此期间,各司法机关开始出台本部门的改革方案,如从1999年开始,最高人民法院已经连续推出了三个《人民法院五年改革纲要》并且第四个改革纲要也即将于今年上半年出台;2004年中央司法体制改革领导小组出台了《中央司法体制改革领导小组关于司法体制和工作机制改革的初步意见》,2008年中共中央政法委也出台了《关于深化司法体制和工作机制改革若干问题的意见》。

司法改革,改的是司法体制的弊病,严格来说,目前司法体制主要存在以下问题。

一、司法地方化

司法的地方化主要表现在司法机关按照行政区划逐层设立,以及人财物管理方面。"人"的依赖表现在院长、庭长、审判员等司法审判人员都由本级人大及其常委会任免。但在实践中,司法人员的任命都需经过本级党委会同政府研究决定,人大的任命只是履行个法律手续,人事大权始终掌握在本级党政机关手中。由于经济的快速发展导致部分地区诉讼量大增,而司法行政编制却没有相应的增加。案件和人员的不对称增长,导致法官及辅助人员的严重短缺。这时政府就会应法院的请求向其派驻或为其招聘司法辅助工作人员,以保障法院的正常运转。以某所国家级开发区的法庭为例,有正式司法行政编制的办案法官仅4人,辅助人员1人,而每年的案件量多达近千件,人少案多的状况上级法院无力解决,开发区管委会应法庭请求派驻了9名事业编制干部,这些人承担了除庭审外几乎全部的辅助工作,可以说没有派驻人员,那么法庭根本就无法正常运转,9名事业编制干部的全部费用和开支也全部由管委会负担。而这种现象在各开发区法院尤其普遍。法院的经费不是独立的,基本上都由本级政府予以保障。法院的办公、办案经费,审判用房的建设等都需要向本级政府伸手。除司法行政编制的数位工作人员的工资由上级法院发放外,其他一切煤水电气、日常办公支出均由开发区管委会负担,甚至连法官的加班费和警车汽油费用也全由开发区管委会负担。这种状况使得法庭基本上不再是国家的法庭,而是开发区的法庭。在联邦制国家,各地方都有自己的法律,必然就有自己的司法系统,司法的地方化就是顺理成章的事。而我国是单一制国家,客观上要求司法的统一性,人民法院代表国家行使司法权,因此法院理应是国家的法院而不是地方的法院。法院在我国中央与地方的条块管理模式中,与各所在地方关联密切,这种模式使得地方往往控制了法院和法官的人财物资源配置,故司法的地方化难以避免。

二、司法行政化

我国法院的内部机构设置方式没有体现出司法的独特性,与一般行政机关几乎没有本质的区别。法院内部的管理模式和工作流程也高度行政化,使实现司法审判独立非常困难。司法行政化的主要表现为:

1. 法官管理的行政化

我国法院对法官管理模式缺乏探索和创新,直接将行政化的公务员科层制管理模式拿来套用,根本没有体现出司法管理的特殊性。由于法院的院长经常从行政机关调任,会不自觉地将公务员的管理模式带入到法院及法官的管理当中,这种模式的长期运用使得法官官僚意识很强,惟上不惟法,缺乏独立的人格。另外,对法官的级别套用行政级别,按行政人员进行管理,如基层法院的助理审判员对应副科级、审判员及庭长对应正科、副院长对应副处或正处级、院长对应副局级。行政性的级别和官职成为法官福利水平和政治待遇的重要参照。不过,深圳市已于2014年2月启动了法院工作人员分类管理,法官将直接作为第四类别公务员①,单独按照法官职务序列进行管理,以法官等级定待遇,并且法官不得兼任司法行政岗位领导。这些具体措施是法官管理体制改革的有益探索,如若改革试点成功将极大地改变法官行政化的管理方式。

2. 上下级法院关系的行政化

通过对比《宪法》第127条和132条可以看出,在理论上,上下级法院的关系与上下级检察院是不同的,上下级法院之间是审判监督关系,只负责审理下级法院的上诉和申诉案件,而检察院是行政上的直接领导关系。但在实践中这种审判监督关系已经不知不觉地演变成了与检察院相同的行政上的直接领导关系。笔者认为这种演变可以视为行政化管理从法院内部向两级法院之间关系的蔓延。

同时,我国已开始实施错案追究制度,要求法官对所办理案件终身负责。该制度已成为悬在法官头顶之上的达摩克利斯之剑,为避免所办案件被上级法院认定成错案,下级法院的法官办案时在遇到有不同看法的问题时,总是毫不犹豫地放弃自己手中的自由裁量权,转而向上级法院的相关业务部门请示,按上级法院的意见处理,力求两级法院的意见统一,因为这样就可以基本上避免被改判或发回重审。这种现象严重违背了两审终审制度设计的初衷,也使当事人失去了通过二审改变裁决结果的机会。

---

① 其他三个类别分别为:综合管理类、行政执法类和专业技术类。

3. 审判工作程序的行政化

在审判工作程序中的行政化最典型的就是案件审批制和审判委员会制。案件审批制,法院现行的裁决形成机制具有浓厚的行政管理色彩,案件的裁决结果需要层层请示汇报、研究讨论、审批把关,大大降低了司法效率。而且案件审批制还使在司法文书上签批的庭长、院长在发生错案时与办案法官的责任不好区分、追责。审判委员会制,在实践中各级法院的审判委员会一般由院党组成员及骨干庭长组成。

4. 司法权力的政治化

近几年的司法改革有一步步走向人治歧途的倾向。最突出的就是司法越来越脱离其应保持的中立地位,表现出很强的政治化。能动司法的提出即是司法政治化的一个重要表现。能动司法就是让以不告不理为原则的被动司法主动出击提供服务,那么对社会矛盾持中立立场的司法之所以能主动,背后必然是党和政府在推动,使司法服务于政策、命令及各种眼前利益。这种能动司法不仅扭曲了司法的消极性和被动性,还破坏了司法的中立性。

法官犹如赛场上的裁判,必须站在居中的立场,不能偏袒任何一方,能动司法明显使法院的主动介入纠纷带有一定的立场倾向,难以保证公正。司法活动是一种专业性活动,它向权利受到侵害的人提供服务,其目的主要是保障公民的各种权利,向社会输送公平、正义。司法活动的过度政治化,导致裁判者难以以法律和公正为最高准则,这明显与法治背景下的司法改革价值目标及理念相冲突。

第三节 管辖权制度运行与司法体制的价值实现

民事案件管辖权制度是以保障当事人诉权、方便当事人诉讼为其初衷,通过一定的程序设置最终要实现司法公正与司法效率两个价值目标。同样的,司法改革的终极目标,应当也是"公正与效率"。公正是司法的灵魂和生命,是司法机关始终追求并实现的终极理想,公正与效率是司法活动的指南和根本战略。司法公正与司法效率作为司法活动的目标,世界各国概莫能外。

一、司法公正

司法公正是公平的一个方面,是法官和执法官所应有的品质。它意味着平等地对待双方当事人,绝无偏私,对所有的人公正平等地适用法律。裁判人的偏袒将构成撤销其裁判的正当理由。① 一般来讲,司法公正应当包括两个含义,一是结果的正确,二是实现结果的过程正确。这就是说,一方面,司法作为裁决纷争、救济权利、维护秩序的法定手段,它必须追求司法结果在实体上的公平,即按照实体法规定的标准,在私法领域,要实现当事人双方利益的平衡,在公法领域,要实现个人权利与国家权力的平衡;另一方面,由于司法领域的案件往往是利益对立、冲突的产物,司法人员也是有复杂情感、欲望的人且其认识能力有限,所以事实真相往往难以判断,而司法又有国家强制性,其结果会对人的权益带来有利或者不利的影响,所以,人们不仅关注司法结果是否正当,还会关注其过程和程序是否符合正当性与合理性标准。

司法公正应当是特定法律制度之下的公正,在一定司法制度之下,司法公正是确定的;而法律制度本身是否公正,则属于绝对标准的公正。一般而言,在成文法国家,司法公正只能做到一定法律制度之下的公正。审判实践表明,司法公正应当包括实体公正、程序公正、历史公正和形象公正四个方面的内容,这四个方面各有其自身的价值内涵:

坚持实体公正就是要忠实于宪法和法律,依法认定事实和正确适用实体法律,确保对诉讼当事人的实体权利和义务关系所作出的裁决的公平和公正。程序公正是诉讼过程的公正,是看得见的公正,它大大增强了司法实体公正的可能性,它要求诉讼活动的过程应充分满足和体现独立、

---

① [英]戴维·M.沃克:《牛津法律大辞典》(中文版),光明日报出版社1989年版。

公开、平等、中立、民主、权威、统一、及时和严明等多方面的要求。

司法的历史公正是更高层次的公正,它体现了办案的法律效果与社会效果的完美统一,蕴含了现实评价标准和历史评价标准的有机结合。司法活动是国家、社会、当事人及法院相互作用的互动关系,坚持司法公正,就不能不考虑当事人的司法需求和国家、社会对司法工作的评价内容与尺度。审判工作除了严格依法办案以外,还应在正确适用法律基础上贯彻执行好有关政策,处理好政策与法律的关系,解决好法与情理之间的冲突,注重办案的社会效果,努力为党和国家的大局服务,从社会整体上最大程度地伸张正义,使裁判在消除矛盾、定纷止争、维护稳定方面的功能得到充分的发挥,经得起历史的检验。司法的形象公正是司法裁决过程和结果作用于当事人和社会公众后对人民法院及其法官公正司法的主观感受。法官在审判中表现出的文明、公道和正直,其本身就是司法公正的组成部分。法官必须加强道德修养,以外在的形象公正提升司法公正的公信度,进一步丰富司法公正的价值内涵。

二、司法效率

"效率"一词源自经济学领域,但诉讼效率与经济效率有着根本性的区别。其一,诉讼中的效率本质上属于上层建筑范畴,而经济学的效率本质上属于经济基础的范畴,诉讼产出应当以司法公正来衡量,而经济产出通常以产品和金钱来计算。其二,经济效率强调的是结果,诉讼效率相对而言更强调过程,没有诉讼过程就没有诉讼效率。对于诉讼效率而言,强调的是资源的优化而非资源的多寡,强调的是优化配置司法资源后的诉讼过程而非仅仅关注诉讼成本和诉讼产出。如果将诉讼效率简单地类同于经济效率,看不到诉讼过程在诉讼效率中的核心地位,忽略了程序的价值,那么就没有充分彰显经济学资源配置理论的精髓。①

在论述司法效率价值时,我们常说"迟到的公正就是不公正",但我们

---

① 陈灿平:《司法改革及相关热点探索》,中国检察出版社2004年1月第一版,第10页。

也往往会忽视另一方面,那就是"过于急速的正义也是非正义"。诉讼成本最优,不仅是指诉讼成本应当在法律许可的范围内最少,还包含着应当保持一定的诉讼成本,应当履行一定的程序,即不能打着改革的旗号,随意简化程序,损害司法的程序公正。比如为了体现"从重从快","严打"时被告人的上诉期间减为三天等措施,这种任意违反程序的行为本身就是一种违法,从法治和公正的整体意义上讲,这种违反行为有危害培根所说的"水源"的危险。正义不仅应当实现,还应当以看得见的、合法的方式实现,而且应当在法律规定的审限内实现,这样才能使公众树立法治信仰,真正体现出诉讼效率的价值内涵。

司法效率价值具有独立性也具有依附性。它是司法公正的内在要求和应有之义,也是实现司法公正的重要保障。从"有效率的司法公正"这一价值标准来看,司法公正与司法效率既有统一的主题,又各有明显不同的要求,两者相互结合,相辅相成。把握公正和效率价值时代内涵,协调好两者之间的关系,要求我们在审判工作、队伍建设、法制改革的方方面面都要坚持公正与效率的有机统一:在审判工作中既要讲求办案质量,又要提高办案效率;在队伍建设上既要培养办案能手,又要培养专家型复合型人才;在法院改革上既要追求程序公正及实体公正,又要追求司法效率、司法的历史公正和形象公正。同时,要相应处理好法院工作的内外部关系,建立有效的司法监督和司法保障机制,为实现"司法公正和效率"创造良好的内外部环境。

三、司法公平与效率的价值构成

司法公正与效率的价值构成可大致归纳为以下七个部分。

(1)司法的独立。司法的独立表现为司法机关相对于行政机关、社会团体和个人的外部独立,司法机关的内部独立、上下独立等多个方面。为了实现司法独立的价值要求,必须规范审判组织的内外部关系,在建立有效的审判监督制约机制的基础上,赋予审判组织依法独立行使审判权的职能,改变依行政方式管理审判工作的习惯,切实下放审批权限,探索实行合议庭负责制和主审法官负责制等具体措施,解决审与判的脱节问题。法院和法官要增强依法独立公正行使审判权的能力和抗干扰能力。完善司法体制的设置,正确解决司法地方化和司法行政化等影响独立司法的现实问题,为依法独立审判提供体制保障、经济保障、法官资质保障及身份保障。

(2)司法的中立。法院审理和裁判当事人之间的争议,必须保持中立,不偏不倚,公平对待,居中裁判,通过审判活动,给予每一个诉讼主体公平公正的关注,对各方的权益给予平等的对待,即使对那些依法必须追究刑事责任的人,也必须尊重其依法享有的合法权益,给予其充分的诉讼权利。为了确保司法的中立性,必须建立并严格执行回避制度,依法维护当事人的申请回避权,严格执行公务回避、任职回避和地区回避等规定,维护法官的公正裁判地位。在庭审方式的设置上,应合理分配法官与当事人的角色,摆正法官居中裁判地位,强化当事人的举证责任,将有可能影响中立地位的职权调查控制在合理的范围内。合理分解审判职能,将容易影响中立地位的立案、调查、监督、执行等职能从裁判职能中分离出来,实行立审分立、审调分立、审执分立、审监分立,从而有效地维护和树立裁判的中立性。

(3)司法的公开。坚持这一价值标准可以将审判工作有效地置于当事人和社会公众的监督之下,增强司法的透明度,防止和避免司法腐败,最大限度地实现司法的社会功能,有效地调动诉讼参与人的积极性,增强审判人员的责任感,提升司法公信度。司法公开的范围,一是公开司法依据,将各种办案规则、案卷资料、司法解释向社会开放;二是公开审判过程,做到一切审判活动都在法庭进行,公开举证、质证和认证,对未经法庭质证的证据不得作为定案根据;三是公开审判组织的组成,允许当事人对合议庭成员提出回避申请;四是公开审判的时间、地点和场所,允许社会公众旁听审判过程并提供适当的便利;五是公开审判结果,法庭的裁判文书应当向公众展示,允许公民查阅裁判文书,裁判文书应当公开说理,如实记载和反映裁判过程。依法不公开审理的案件,也要公开宣判,以公开保公正。①

(4)司法的民主。司法民主要求审判活动必须尊重和保护当事人的各种诉讼权利,以及获得公正审判的权利以及获得司法救助的权利,非经公正审判不得强制定罪,不得随意剥夺公民的人身自由。应充分尊重当事人意愿,减少不适当的司法干预活动。司法过程必须接受权力机关和社会公众的正当监督,体现公民对国家权力的民主参与。审判组织的组成必须符合民主化的要求,合议庭及审判委员会要按照民主集中制的原则严肃慎重地讨论决定审判工作事宜,人民陪审制度应当发挥实际的作用。

(5)司法的权威。司法的权威来源于法律的权威和强制力,而法律的权威来源于公众的共同意志和普遍的遵行。作为实现社会正义的最后屏障和维护社会公平的调节器,司法活动必须追求权威性的价值,这是司法公正的不可或缺的要求。它要求合理设置司法程序,维护司法裁判的既判力,确立司法的终局裁决地位,不得随意改变审判机关做出的已经生效的裁判文书。司法程序是行政争议、仲裁争议的最终程序,法院受理的所有案件,必须在程序上或者实体上做出终结性的裁判结果。已经生效的裁判文书必须得到遵守和执行,拒不执行法院生效的裁判文书以及蔑视法庭行为都应受到法律的惩处。

(6)司法的统一。司法的统一,首先要求司法权由法定的机关统一行使,其他机关不能分享。其次,司法适用的法律和裁判尺度必须统一。在具体法律的适用上,司法人员必须考虑各种法律文件之间的相互联系,按照统一性的原则理解法律条文的涵义,对同一性质的案件,同一法院的各个审判组织之间以及不同的法院之间做出的判决要保持一致性。应严格遵守宪法和法律的规定,保障宪法和法律的正确实施,做到有法必依,执法必严,违法必究。应严格遵守法律规定的诉讼程序,对违反法定程序有

---

① 张柏峰:《司法公正与效率的价值构成》,载毕玉谦主编《司法审判动态与研究》(司法改革专辑),法律出版社2000年版,第151页。

可能影响公正处理的裁决应依法纠正。对于故意违反法定程序做出枉法裁判者,应严格追究责任。必须严格遵循证据规则对案件的事实做出准确的判断,依法正确行使自由裁量权,准确理解法律精神及法律原则,防止主观随意性。同时,人民法院的审判体制以及司法行政的管理也应当坚持统一规范的原则,以有效地发挥司法机关的整体功能。

(7) 司法的及时。司法的及时是现代司法特征之一,体现了国家、诉讼当事人和社会公众对诉讼过程和结果时间上的期望与要求,关系到司法的公信度。司法的及时可分为法定及时和操作及时。法定及时是立法者为诉讼活动规定的时序和时限。时序是诉讼行为的先后顺序,它不仅体现了公平、合理,而且体现了诉讼行为的有条不紊,从而保证诉讼行为的快速和有效。时限是对诉讼活动时间的限制和规范,这种限制和规范不但及于诉讼当事人,而且及于所有诉讼参与人,包括司法审判人员。操作及时包括法院操作及时和法官操作及时。法院操作及时与整体管理有关,法官操作及时与个体素质有关。①

司法公正与司法效率价值构成的各个环节,皆从不同角度体现着司法公正与效率的价值要求,都是"司法公正与效率"这一司法价值体系不可分割的组成部分。在实现和追求上述价值构成的过程中,必须特别注意避免孤立适用和片面强调某一环节的做法,而应当以"司法公正与效率"这一总体价值尺度,协调好各个价值构成之间的关系。

四、管辖权弊端导致司法体制运行中的价值背离

诚然,司法改革的历程使得当代中国司法管理体制有了可喜的进步,并不断地在创新实践中发展完善,体现了其现代性。但与此同时,不可否认的是,现存体制中依然存在着诸多因素,干扰着司法独立公正的实现。司法的独立与公正是法治国家不可或缺的构成要素,是公民维护自身权利的必需品。但我国司法不公、司法腐败现象却屡屡暴露,已成为当前我

---

① 张柏峰:"司法公正与效率的价值构成",《光明日报》2002 年 2 月 19 日刊。

国社会中一个亟需高度关注的问题。民间话语系统中,学界倾向于将该问题归结于司法工作人员自身素养及情感道德方面的因素,但其实最重要的根源还是法院和法官易受外界干扰、难以独立公正行使审判权的体制设置与宏观制度上的缺陷。也就是说,法院相关的制度设计为地方党政权力干预司法提供了方便的渠道,而法院和法官缺少强有力的手段防御这种干预,继而使得司法独立和司法公正遭受影响。因此,直面这些现象,我们应更加关注法院的管理体制设计,并在此基础上进一步提高法官的职业道德问题,从体制因素和人的因素层面双管齐下,为司法独立和公正的实现营造良性的成长环境。

管辖权弊端、司法体制障碍及相应的价值关系如下。

(1)管辖地方化导致司法权受立法权、行政权干预过重,影响司法独立、司法公正价值的实现。法律赋予了地方各级人大对本级法院的院长、法官等职位的任免权,而我国统一实行党管干部使得党政机关对法院领导干部有任免权。另外,我国《法官法》对法官的任职仅仅提到国籍、年龄、品行、学历等条件要求,实际操作中却实行干部原则、公务员管理,并没有按照法官职业化的方式选任,给予法官充分的职业保障。法官的日常管理、晋升、调任、考核均由地方党政部门决定。可见,存在地方化现象的法院人事管理,进一步影响着司法公正。

目前,我国实行的财政体制是地方政府的财政部门专项负责同级法院的经费,而且法院的各项支出都需要经过地方政府的批准。这样的财政体制导致我国地方各级法院的财政权力都受制于地方行政机关,连法院基本的办公设备、修建办公楼等费用都应由政府统一管理分配。而地方政府的财政又与当地的经济发展状况有关,导致一些沿海地区发展好的省份的法院经费相对较高,西部贫困地区的法院经费水平明显偏低。由于地方各级法院的法官在审理案件过程中受到了政府的牵制,很难主观地去判断、维护司法的公正性,更趋向于按照政府下达的命令及当地经济的发展状况去运用法律,执行法律,裁判案件。

法院的管辖设置以行政区划为依托,由此产生的地方保护主义最终会影响司法公正和司法中立。地方各级法院的设置以行政区划为依托,使人事任免和财政来源都受制于同级的地方人大及其政府、党政机关,使法院严重依赖于地方。换句话说,在财政方面,地方各级法院的财政收入完全依靠地方财政供给,政府给予多少则法官的待遇就有多少。汉密尔顿曾说过:"就人类天性之一般情况而言,对某人的生活有控制权,等于对其意志有控制权。"①法官在审判过程中因其待遇受制于地方政府,也难免会有所顾忌。地方势力过于强大,法官的招聘、升迁、奖惩等都会受到限制,造成审判过程中会出现"暗箱操作"的现象,无法实现司法独立公正。由于法官的人事和财政被地方牵制现象过于严重,造成法官在审判过程中还须考虑法律外的一些不必要的因素,这样的司法难以保证中立性,司法权威也因此受到损害。人民法院作为解决社会纠纷、维护当事人合法权益的最后一道防线,公正性无法得到人们的认可,司法权威性将会大大削弱。

(2)法院的财政、人事,法官的考核、奖惩等司法资源配置受各种因素影响,严重妨碍司法中立、司法权威等价值的实现。

首先,法院的审判独立难以实现。长期以来,中国地方的司法就未曾与行政分离,因此形成了司法权被行政所干涉,法院内部的行政化现象越来越严重,影响司法独立。体现在法院干部按党政干部统管,法官按公务员制度管理。各地的政法委不仅负责政治方面的领导,而且还会对具体案件审判进行干预。同时,进一步加重了法院内的行政化倾向,上下级法院之间,法院院长、副院长等公职人员之间有不同的行政级别,如省高级法院院长是副部级,副院长是正厅级。在案件分配、合议庭组成、具体案件审理、判决等方面按行政机关固有的方式进行,主导权掌握在行政级别更高的人手中,这种行政化的制度体系,为地方党政机关及其领导干部干预法院和法官的审判工作一定程度上提供了方便,最终对司法公正造成了损害。如吉林四平市伊通满族自治县的郭学宏就是一个例子,此前他

---

① 【美】汉密尔顿等:《联邦党人文集》,商务印书馆1982年版,第391页。

是伊通县法院分管民事的副院长,因办理一起普通的经济纠纷案而丢了官,成了上访人员。而这起普通的经济纠纷涉及吉林省整治和建设经济发展软环境领导小组办公室,其在接到案件被告人关于财产查封的异议申诉后,与四平市"软办"联合调查,认为伊通法院在该案件中的行为"严重影响了企业的生产经营,给企业造成了重大经济损失",四平市纪委将其作为典型涉软案件进行通报。郭学宏认为上述调查及处理都很荒唐,在他看来,案件从司法程序和判决结果上都没有过错,"就算错了,也只能由上级法院做出认定。吉林和四平'软办'调查组并没有权力查明认定并做处理。"郭学宏认为,纪委的直接干预办案,严重影响了法院的审判权,是利用纪检权干预司法权的行为。2010年6月6日起,郭学宏便开始不断申诉,直到2010年8月9日郭学宏却收到劳教委下达的《劳动教养决定书》,对其劳动教养一年。从这个案件看出,党政机关对司法案件审判工作的干预,会对司法公正造成不可忽视的影响。

其次,法官个人独立难以实现。我国现行的体制中对法院实行的是多头管理,不但受制于地方党委和政法委,还要接受上级法院的管理。可以说,法官在好多方面上都不能独立,领导单位利用各自的影响力来干预法官的判案结果,一定程度上使法官无法行使其职业权力。另一方面,据资料统计,近几年来,法官在数量上呈下降趋势。很重要的一部分原因就是法官们的身份无法得到保障。随着公民法律意识的不断提高,诉讼案件的急剧上升,在法官人数不足的情况下,工作任务明显加大。除了质量上的保证,还需要有效率上的提高。当下,不少法官判错案,不仅要承受当事人投诉,还要承受检察院抗诉等重重压力,甚至将面临调离、辞退等处分。面对这样不稳定的职业地位,法官为了追求个人的物质利益,也难以保证司法的公正。在《新闻联播》报道中,央视记者采访了深圳市中院审判庭的审判员何溯,她称由于近十来年"没进步",她一直都在为要不要当法官而纠结。她表示,"在法院工作了15年,我感觉我的职业前景不明朗,看不到自己未来在哪里,总要费尽心思地去挤行政级别这样一条唯一的道路。"与何溯同样想法的法官也不在少数,深圳市中院政治部主任蒋溪林表示明显感觉这几年队伍越来越"不好带了"。从2009年到2012年年底,辞职的法官就有34人,调离237人。这相当于两级法院中央政法编制人员的15.5%。同时,法官还表示,希望赋予法官独立的身份、地位,加强法官职业保障,提高抗拒行政化干预、抵御外界诱惑能力的改革能够分步实施,尽快建立一套法官管理的制度体系。

  法院内部的事务性管理,往往会挫伤法官专业性,影响司法权威价值的实现。纵观世界各国法院的法官遴选制度,不管是哪个机关负责选任或是何种法院管理体制,对法官的专业水平要求都非常高,非常重视法官的执业经历。相比之下,我国《法官法》的有关规定对法官任职要求却很低。而且我国最早很多法官都是军人或者人民教师转业担任的,无良好的法律基础教育,甚至当时的法官水平十分有限。这就导致任职的法官欠缺应该具备的专业知识,不过这个问题现在可以通过统一的司法考试进一步完善。另一方面,现今法院和法官承担了大量由地方党委和行政机关安排的非审判事务。比如在未成年人犯罪数量不断增加的现实背景下,少年庭的法官不仅担任着法官的角色,还要扮演一个社会工作者的角色,除了审判工作外,还需要教育感化这些失足的少年,承担着这些非审判事务的工作。面对这些极大的办案压力,法官在忙于办案的同时很难再有富余的时间和精力去开展非审判事务工作,使法官在工作中难以平衡,特别是办案数量的增加对延伸工作的投入也产生了现实冲击,再一次影响司法公正。据不完全统计,基层法院拥有法官资格的群体中,有50%至80%的法官处在办案一线,在应对日益增加的案件审理的同时,还要疲于应付各种非审判业务。某法院法官唐非向法治周末记者表示,"我们一线法官特别累,但办案累只占三分之一,三分之二累在疲于应付省里、市里、县里每年搞的各种非业务活动,包括调研、行政性会议等。"而且不光只有法官唐非这样表示,在其他不同基层法院工作的法官也向法治周末记者证实了这一说法。另外,法官唐非还表示,期望目前的"瞎忙"状态能够在未来得以改变,法官是为审案而设,法官参与非审判业务活动应该适度;对法官的制约,可以通过依据法律和法定程序进行,而不是行政命令。

(3)新型民事诉讼的管辖权配置不合理,最终将影响司法公正、司法及时价值的实现。我国现在实行的知识产权案件审判体制的基本情形是三审分立,即:知识产权民事案件由有管辖权的法院的民事审判第三庭(也称知识产权审判庭)审理,知识产权行政案件由行政审判庭审理,知识产权刑事案件由刑事审判庭审理。这种审判体制带来了知识产权案件审判的四大弊端:一是审判权限的交叉重叠;二是案件受理的冲突推诿;三是审判资源的闲置浪费;四是审理标准的宽严不一。

知识产权案件中大部分的民事案件,因为具有特殊性,所以一般由中级以上法院管辖。个别的基层法院要经过最高法院的批准才能够审理一般知识产权民事纠纷案件。更为特殊的专利民事纠纷案件,只能由高级法院和少量的中级法院管辖,这些中级法院基本都是省会城市的,到现在也只有70多家中级法院。而有权审理民事纠纷案件只有高级法院和38个中级法院,审理集成电路布图设计民事纠纷案件是高级法院和43个中级法院。

但是作为知识产权刑事和行政案件,一审的管辖权却归基层法院管辖,这就会在现实中造成一些混乱,尤其是刑事和民事交叉的案件,在审理时矛盾尤为突出。因为在我国,案件的审理往往采取的是"先刑后民"原则,但是低审级的刑事管辖与高审级的民事管辖很有可能在现实中造成冲突。

第三章 变革论：以管辖权驱动司法体制改革的新尝试

聚焦我国司法体制目前存在的弊端，只有制定现实可行且兼具针对性的改革措施并加以贯彻执行，才能低成本、高效率地全面推进司法体制改革。而民事案件管辖权制度为当前司法体制改革中的攻坚问题提供了突破口。在新一轮司法改革的推动下，在党和相关国家机关对司法改革做出全面宏观部署的大背景下，最高人民法院巡回法庭的设立和运行已成为去除司法地方化的新尝试，而探索与行政区划相分离的司法管辖制度则是针对管辖权缺陷及司法体制弊端的结合部进行的新探索。此外，专门法院制度整合了司法管辖制度中地域管辖、级别管辖、法官独立、审判独立及法院内部人事、财政资源配置等特殊问题，对于新型诉讼关系的管辖权问题的解决提供了新的模式范本。

第一节 管辖权的司法改革之维

一、确保依法独立公正行使审判权是管辖权的核心

审判权，是法院或司法机构对诉讼进行聆讯和审判的权力。审判权是国家权力之一，是国家权力体系中的重要组成部分，是以司法裁判的力量保证国家法律体系运行的制度力量。审判活动的神圣性即重点体现在

司法管辖权上。司法活动的中立性、司法神圣性意味着一旦法院接受案件审理,那么其审理程序和管辖方式是独立的、不受非法制约的。如果没有管辖权的独立行使,就不可能有司法公正,就难以杜绝各种法外因素和力量渗透进案件的审理过程中。从另一层面来说,依法独立行使审判权是宪法赋予人民法院的专属权,也是现代法制国家普遍确立的一项宪法原则。它是保障司法公正的前提,也是实现社会公平正义的基础。人民法院组织法和我国三大诉讼法等也对依法独立行使审判权作了明确规定,此原则具有鲜明的时代性和针对性,是依法治国的需要,是保障公民合法权益和树立司法公信力的需要,也是维护司法公正和保障经济、政治、社会改革与发展的需要。从党的十五大到党的十八大,反复提出要确保审判机关依法独立公正地行使审判权,这就说明了党对确保审判机关独立行使审判权的重视,并且也得到了社会越来越广泛的承认和支持,最高人民法院多年来就独立行使审判权问题做过系统的研究,提出过许多很好的意见和设想,各级法院也进行过不同程度的探讨。但囿于体制、制度、管理等诸多方面的原因,现实司法实践中,法院审判权的独立行使还是受到了一定的限制和束缚,法院管理方面的行政化,审判权的地方化和利益化,审判权监督的不规范化和无序化,都在一定程度上影响着人民法院审判权的独立行使,人民法院的独立审判权迄今仍没有得到根本保证。

因此,人民法院要实现对案件的"专属"管辖,就要摈除司法行政化,审判权的地方化和利益化的弊病,让人民法院依法独立的行使审判权。

二、优化司法内部职权配置是管辖权正确行使的保障

司法资源是保证公正司法及审判权实现的重要物质基础和源泉。现阶段,我国的司法资源有限,加之资源配置不合理,形成了司法资源短缺与司法需求过剩之间的矛盾。随着我国经济和社会的飞速发展,这个矛盾逐渐突显和加剧,并造成了大量案件程序与实体脱节,阻碍了司法公正的实现。而建设社会主义法治社会、和谐社会的一个基本要求就是司法公正,这就要求我们在我国尚不富裕的司法资源条件下,合理调配,努力

做到司法资源的优化配置,以期实现司法公正和提高司法效率。

司法最终裁量权,至少有两个含义:一是在通过司法途径解决纠纷前,应有其他解决纠纷的途径,例如,民法中的自治和他治;二是通过司法途径解决后,具有终局性,社会不再提供也不应提供其他任何救济途径。正如美国联邦最高法院的杰克逊法官说到的,"不是因为我的判决是正确的,所以它才是终局的,恰恰相反,因为我的判决享有终局性,所以它是正确的。"即最高法院判决的终局性并不来源于它一贯正确,而只是因为这是一项制度性的安排。而当前在我国,缺少这种对于司法权威性的尊重,法官将不同观点处理意见带入生效判决点评中的事情时有发生,甚至有好事法官愿拿自己判决给专家点评。司法独立问题又因此摆在我们的面前,"有治法,尚需有治人"的观点不仅适用人治社会,在法治社会仍有其合理的内核。

司法资源的配置优化,首先应当解决终审难终,法院人、财、物处处受制等问题;司法权力的配置优化还要求立法应当严肃、科学、系统,应防止因立法中的权力设置冲突、缺陷或过度滞后而带来司法的被动迟延或无所适从。最大限度地优化司法权力的组合状态,不仅可以提高司法权力拥有者的积极性和责任心,也可减少因司法权过分细化、分化带来的高成本。此外,司法机构的优化设置,还有赖于法院内部的体制设置。此举可以有效解决司法地方化、司法行政化的弊端痼疾。其核心为以审判为中心,突出法官的核心地位,审(审判)政(行政)分离,阻断行政对审判的干预。

三、完善民事司法管辖制度与司法改革的一体两面关系

《中共中央关于全面推进依法治国若干重大问题的决定》中有两个司法改革的重点内容。其一为完善确保依法行使审判权。《中共中央关于全面推进依法治国若干重大问题的决定》中对其具体改革措施有:(1)建立各级党政机关和领导干部支持法院、检察院依法独立公正行使职权的制度机制;(2)健全维护司法权威的法律制度;(3)建立健全司法人员履

行法定职责保护机制。其二为优化司法职权配置。《中共中央关于全面推进依法治国若干重大问题的决定》中对其具体改革措施有:(1)健全司法权力分工负责、相互配合、相互制约的体制机制;(2)推动实行审判权和执行权相分离的体制改革试点;(3)完善刑罚执行制度,统一刑罚执行体制;(4)探索实行法院、检察院司法行政事务管理权和审判权、检察权相分离;(5)探索建立检察机关提起公益诉讼制度。

提出上述改革举措,体现了执政党对司法不公、司法公信力不高等司法领域问题的深刻反思,党中央更是将导致这些问题的深层次原因归结为司法体制不完善、司法职权配置和权力运行机制不科学。司法是法律实施的重要环节之一,其体制改革就不可能是孤立的。"完善司法管理体制和司法权力运行机制,规范司法行为,加强对司法活动的监督"是司法体制改革的目标,那么,若以司法体制本体作为参照系,司法体制改革就必须在外部处理好与执政党、权力机关、行政机关的关系,在内部处理好权力配置、监督和人事管理等关系。只有把这些与司法体制改革相关联的多重关系处理好,为改革所构建的制度机制才能有效运转,改革的目的也才能逐渐实现。

(1)处理好司法管辖权与政党、权力机关、行政机关的外部关系

首先,与执政党的关系。现行《宪法》规定,人民法院依照法律规定独立行使审判权,人民检察院依照法律规定独立行使检察权,均不受行政机关、社会团体和个人的干涉。对照中国政治现实可知,执政党和人大是不受这一条文规制的,人大的监督和党的领导都不属于"干涉"。人大作为权力机关,法院和检察院由其产生,对其负责,受其监督,而党对司法的领导则是社会主义根本制度所隐含的,是中国政治的规范命题。因此,《决定》也毫无疑问地强调了坚持党对深化司法体制改革的领导。同时,现行《宪法》也规定全国各族人民、一切国家机关和武装力量、各政党和各社会团体、各企业事业组织,都必须以宪法为根本的活动准则,《决定》也强调党要在宪法法律范围内活动。因此,党对司法和对深化司法体制改革的领导,都必须是在宪法和法律框架内的领导。关于党对司法的领导,《决

第三章 变革论：以管辖权驱动司法体制改革的新尝试

定》采用了"支持司法"的表述，"支持"一词在语义上带有力度感，尚偏中性。从直接体现党的作用的层面来看，《决定》试图从正反两个向度体现党"支持司法"。正向上，要求各地党政机关和领导干部都要支持法院、检察院依法独立公正行使职权；反向上，要求建立领导干部干预司法活动、插手具体案件处理的记录、通报和责任追究机制，这是一项新举措，似乎也成为确保司法机关独立公正行使职权制度机制建设的重心。执政党决心斩断本党党员干部干预司法的黑手，这当然值得肯定，但这一机制的构建和实施似乎还面临着不少需要厘定的问题。

其一，规制对象。从《决定》的文字上理解，这一机制规制的主体是"各级党政机关和领导干部"，那么，具体的范围应当如何界定？是仅指各级党和政府部门的领导干部，还是参照"中共中央、全国人大常委会、国务院、全国政协、中央纪律检查委员会的工作部门或者机关内设机构的领导成员，最高人民法院、最高人民检察院的领导成员（不含正职）和内设机构的领导成员；县级以上地方各级党委、人大常委会、政府、政协、纪委、人民法院、人民检察院及其工作部门或者机关内设机构的领导成员；上列工作部门的内设机构的领导成员。县级以上党委、政府直属事业单位和工会、共青团、妇联等人民团体的领导成员"来界定？"领导干部"是否仅指担任副处级以上领导职务的人员，正科级以下人员和担任处级以上非领导职务的人员是否包括在内，已从领导职务上退职退休的人员是否也受规制？事实上，在中国这样的人情社会中，能够以不同形式和力度干预司法的主体不胜枚举，执政党建立这一机制的用意是排除其他公权力对司法权的非法侵扰。那么，从这个意义上而言，比照刑法对于诸多职务犯罪案件犯罪主体的规定，采用"国家工作人员"这一范畴，去除部门范围和职级的模糊空间，或许能更好地达到建章立制的初衷。

其次，应受记录、通报和追责的行为标准。按照《决定》的表述，应受记录、通报和追责的行为是"干预司法活动、插手具体案件处理"，再结合"干预司法机关办案的，给予党纪政纪处分；造成冤假错案或其他严重后果的，依法追究刑事责任"的表述来理解，可知所有"干预司法活动、插手具体案件处理"的行为都应受到记录和通报,但责任追究则分类处理:一旦干预司法机关办案,就应予以处分,采"行为犯"标准。造成冤假错案或其他严重后果的,追究刑事责任,采"结果犯"标准。若按此标准,那么对干预司法行为实施追责的这根"红线"的确放得很低,无疑对公务人员形成了威慑,但要使这一机制真正起到效果,对"干预""插手"和"其他严重后果""司法活动""案件处理"的具体含义便须在机制运行前就进行精准的界定,以免使规范的执行者和遵守者都感到彷徨。

再次,实施记录、通报和追责的主体。从"党纪政纪处分""刑事责任"的责任形式倒推,实施追责的主体应当是党的纪律检查委员会、行政监察部门和司法机关,实施记录和通报的主体则并不明确。基于现实可操作性的考虑,司法机关作为干预行为的受体,由其进行干预行为的记录和通报是最适宜的,但又必须以司法人员履职保护机制的建立健全为前提,以此让司法人员解除后顾之忧,敢于将干预行为及时报告所在的司法机关进行记录。司法机关记录后,又向对实施干预行为人员有处分权限的纪检监察部门通报,由其给予相关人员党纪政纪处分,涉及犯罪的,则可由检察机关直接侦办。近年来,学界对党的政法委的存续和职能较为关注。《决定》用一个自然段的篇幅做出了回应,认为政法委是党委领导政法工作的组织形式,必须长期坚持,同时将政法委的职能表述为"把握政治方向、协调各方职能、统筹政法工作、建设政法队伍、督促依法履职、创造公正司法环境",以及"带头依法办事,保障宪法法律正确统一实施"。从积极的一面来看,中央隐晦地否定了部分政法委直接干预司法、审案定案的做法,把政法委的职能定位在宏观的"把握""协调"和"统筹"层面,不允许干预具体案件的处理。但从另一方面来看,政法委几乎是逐层依附各行政区划内的党委而设的,甚至乡镇一级党委都设有政法综治委员,各级政法委在同级或下一级法院院长、检察院检察长的提请任免等重要事务都发挥着巨大的影响力。既然最高决策层已经强调司法权是中央事权,国家法律要统一正确实施,省以下地方法院、检察院人财物统一管理,那么,是否还有必要在所有行政区划内都设置政法委,用以发挥统筹协调和督促的宏观作用？此外，根据《决定》对政法委的功能定位，这是否意味着要求政法委组成人员应具备政法工作经历或相当的政法专业能力？这些问题在《决定》中还无法找到答案，但却是党依法执政和司法体制改革必须解决的问题，应当在中央正在研究制定的《中国共产党政法委员会工作条例》中予以明确。

另外，各级法院、检察院都设有党组，以保证在司法机关内实现党的领导。《决定》要求党委要定期听取政法机关工作汇报，做促进公正司法、维护法律权威的表率，政法机关党组织也要建立健全重大事项向党委报告制度，同时还要求加强政法机关党的建设，在法治建设中充分发挥党组织政治保障作用和党员先锋模范作用。那么，从党"支持司法"，保证法院、检察院依法独立公正行使职权的基本点出发，司法机关内的党组织就应当只发挥政治保障作用和常规党建职能，不参与、不干预任何司法活动。同时，司法机关向党委汇报工作的形式和内容，司法机关党组织应当向党委报告的"重大事项"的范围和程序，有权听取司法机关汇报的党委的层级等涉及各级党委与司法机关关系的问题，在依法执政和加强党内制度建设的语境下，都可以也应当首先以党内法规的形式加以明确和固定，廓清党行使领导权的程序和边界，既保证党的领导，又确保司法机关依法独立公正行使职权。倘若这一关系始终理不清讲不明，就会影响党的威信和司法的公信。

其次，与人大的关系。人大制度是中国最根本的制度安排，人大作为国家权力机关居于国家权力架构的核心，"一府两院"均由其产生，受其监督，对其负责，并承担立法和监督等职权。全国人大是宪法规定的最高权力机关，但这种最高地位在现实中有时越来越难以体现，在某些领域甚至出现了削弱的趋势，全国人大构造在宪法文本与社会现实之间出现了背离。《决定》对进一步完善人大制度做出了诸多部署，明确提出了完善全国人大及其常委会宪法监督制度，健全宪法解释程序机制，完善立法体制，推进科学立法、民主立法，加强重点领域立法等举措。司法机关与人大有着极为密切的关联，因而司法体制改革也不能跳脱人大这一维度自说自话,对于法院、检察院而言,在健全的宪法监督制度和宪法解释机制,以及健全和良善的法制基础上,才可能真正地维护独立行使职权的宪法地位,彰显公平正义的法律价值,这是深化司法体制改革不可或缺的外部条件。置于人大制度这一根本政治制度之下,司法体制改革也面临着必须处理的一系列关系和问题。

首先,司法解释的合宪合法性问题。在司法实践中,最高法院和最高检察院时常单独或联合制定法律解释,内容关乎在审判或检察工作中如何具体适用法律规范,称为司法解释,总数已达3000多件。回溯历史和法律规范,1979年制定的《法院组织法》在并无七八宪法明确规定的情况下,授予最高人民法院"对于在审判过程中如何具体应用法律、法令的问题,进行解释"的职权,同年制定的《检察院组织法》则没有相应的规定。全国人大常委会1981年通过的《关于加强法律解释工作的决议》中规定"凡属于法院审判工作中具体应用法律、法令的问题,由最高人民法院进行解释;凡属于检察院检察工作中具体运用法律、法令的问题,由最高人民检察院进行解释",最高检察院据此拥有解释法律的职权。然而,1982年施行的现行《宪法》则完全没有确认最高法院和最高检察院拥有解释法律的职权,《立法法》也明确规定"法律解释权属于全国人民代表大会常务委员会"。且不论组织法和人大常委会有无权力在没有宪法依据的情况下授予最高法院和最高检察院解释法律的职权,单看现实,最高法院和最高检察院制发的司法解释并不单单针对某一具体案件处理中的法律适用问题,而多是针对某一类案件或事项,往往针对法律中的一个条款就制定数十条解释,这些解释条文具有普遍规范性,全国司法机关必须执行且可以反复适用,那么这种解释行为就具备了立法性质,这就不得不让人们对司法解释的合宪合法性产生质疑。

《决定》在"完善立法体制"小节中强调,"加强法律解释工作,及时明确法律规定含义和适用法律依据",这是针对人大立法解释而言的。同时,在司法体制改革的部署中提及"加强和规范司法解释和案例指导,统一法律适用标准",在关于《决定》的说明中也要求"最高人民法院本部集中精力制定司法政策和司法解释"。那么,在强调健全宪法监督制度和宪法解释机制的大背景下,对于立法解释和司法解释的关系和分界,特别是司法解释的制定主体和程序、效力和适用范围等问题,就应当作出明确规范,以维护宪法法律的权威和国家权力运行的正常秩序。

其次,省以下地方法院、检察院人财物统一管理与人大制度的冲突问题。我国现行《宪法》明确了全国人民代表大会和地方各级人民代表大会的组织运行原则是民主集中制,这一原则体现于人大与法院、检察院的关系之上就是法院、检察院由同级人民代表大会产生并向同级人民代表大会负责。从实践上看,法院、检察院对同级人大负责的形式主要是报告工作,同级人大对法院、检察院的监督形式主要就是听取和审议工作报告,县级以上人大还有权罢免同级的法院院长和检察院检察长。但是,在实施省以下地方法院、检察院人财物统一管理后,省以下地方人大与同级法院、检察院之间是否还有负责和监督的关系,还是本级人大与省级人大共同监督负责?法院、检察院是否还需要向同级人大报告工作?如果人大对同级法院、检察院的工作不满意,能否启用监督法所规定的一切监督手段,或罢免"省管"的院长和检察长?如果人大失去了对法院、检察院的实质监督权,是否会导致人大权威的式微?显然,理顺这些关系还需要清晰的规划,"统一管理"倘若没有基于宪制高度的慎重考量、系统设计就"一刀切",则很可能造成国家机关运行脱节、前后失序的危险,因此必须严肃对待。

再次,人大在司法体制改革中的应有作用。制定和修改有关国家机构的基本法律是全国人大的重要职权,同时,《立法法》也将人民法院和人民检察院的产生、组织和职权,犯罪和刑罚、对公民政治权利的剥夺、限制人身自由的强制措施和处罚,基本民商事制度、诉讼和仲裁制度列为绝对法律保留事项。司法体制改革涉及国家司法制度的变动,属于绝对法律保留事项,全国人大常委会就理应在改革决策和执行的全过程发挥应有作用。但从1997年司法体制改革正式启动以后的实践情形来看,改革的总体方案系由中央政法委或各类领导小组制发,甚至作为改革对象的最高法院和最高检察院也会自行制发"改革纲要""改革实施意见",全国人大及其常委会多处于事后为改革举措"背书"的尴尬境地,这种做法削弱了人大和宪法法律的权威。从维护宪法法律和根本政治制度权威的角度出发,全国人大及其常委会应当在司法体制改革的调研、决策和督促检查等各个阶段发挥作用,可在全国人大设立司法改革委员会,作为司法改革的决策机构,各级人大也应发挥对法院、检察院的经费、人员编制和法官检察官的遴选等问题的决策权和监督权,如此,司法体制改革的正当性和实效性才会得到加强。

第三,与政府的关系。我国国家机关之间的关系不同于西方国家立法、行政、司法机关相互制衡的三权分立体制,而是实行民主集中制的活动原则,但这并不意味着我国国家权力的宪制秩序放弃了权力制约原则,宪法法律就全面地体现了权力的分工和制约原则,以行政诉讼和行政非诉执行为主体的法院监督,以反贪污和反渎职侵权为主体的检察院监督,均是司法权力对行政权力制约的重要表现。《决定》除了对政府依法行政,建设法治政府做出部署外,还提出了完善行政诉讼体制、探索建立检察机关提起公益诉讼制度等重要举措,值得认真研究。

在《决定》审议通过后,全国人大常委会通过了《行政诉讼法》的修改决定,这是《行政诉讼法》自1989年制定后作出的首次修改,重点解决"立案难、审理难、执行难"的问题,扩大了受案范围,降低了立案的门槛,建立跨行政区域管辖行政案件制度,降低了行政机关干预、阻碍法院立案的可能,原则要求行政机关负责人应当出庭应诉,加大了对拒不执行裁判的行政机关和直接责任人的处罚力度,旨在实现案结事了。显然,这些修改保障了公民、法人和其他组织的诉权,规范了行政诉讼的程序,确保公民法人的合法权益得到实现,具有进步意义。

《决定》要求"把所有规范性文件纳入备案审查范围",而由法院审查行政机关规章以下规范性文件就是行政诉讼体制改革的重点之一,也体现在此次《行政诉讼法》的修改中。规章以上规范性文件的备案审查,已在《立法法》中有明确规定,修改后的《行政诉讼法》取消了受案范围为

"具体行政行为"的规定,而是对可诉的"行政行为"进行了列举,并将对行政机关制定的规章以下规范性文件的审查权赋予法院。第 53 条规定,"公民、法人或者其他组织认为行政行为所依据的国务院部门和地方人民政府及其部门制定的规范性文件不合法,在对行政行为提起诉讼时,可以一并请求对该规范性文件进行审查",并明确该条规定所指的"规范性文件"不含规章,即指规章以下的规范性文件。与此相呼应,第 64 条规定:"人民法院在审理行政案件中,经审查认为本法第五十三条规定的规范性文件不合法的,不作为认定行政行为合法的依据,并向制定机关提出处理建议。"从整个法律规定链条来看,这意味着法院对效力位阶在规章以下的行政机关规范性文件拥有了"审查权",但审查的结果是"不作为认定行政行为合法的依据,并向制定机关提出处理建议",并不能径直宣告被审查的规范性文件无效。对行政机关制定的规范性文件形成严密完整的审查体系,可以督促行政机关依法行政,使一些地方政府随意减损公民法人权利、增加公民法人义务的规范性文件游离于司法监督之外的状况逐步得到改变。但是,法院的"处理建议"处于何等效力,如何保证法院发出的"处理建议"能转变为制定机关的自主纠错行为,若制定单位不认可法院关于规范性文件不合法的认定时又该如何处理,这些问题事关法院能否有效监督政府行政,都需要进一步的明确和相应的制度建构,否则这项审查制度的实施效果恐难达到预期。

(2)处理好司法权内部权力优化配置问题

司法制度是国家治理体系的重要组成部分,司法机关定分止争的能力是国家治理能力的重要部分,司法机关行使职权能力的提高,不但需要理顺外部关系,更重要的是处理好"内因",完善司法体系自身的制度机制。

首先,要理顺审级关系。上级法院已强大到下级法院需看其眼色行事的程度,下级法院经常有将未决案件向上级法院汇报之举,上级法院也坦然受之并给出具体答复,下级法院请示汇报的主要原因固然是在审判工作中遇到疑难情形,需要上级法院给予指导,但也存在由于担心上级法院在二审时改变裁决结果而预先汇报以便吃到"定心丸"的因素。这种情况不仅使审级监督形同虚设，也使一审法官由于不能确定上级法院二审的尺度而不敢独立判断。因此，有必要对二审权予以明确和节制。首先，由审级监督的内涵可以推出上级法院不能接受下级法院案件汇报的逻辑结果，对此上下级法院都应予以自律，并将之规定为当事人有权申请回避和申请再审的事由。其次，应当取消二审法院对"事实不清"案件的发回重审权。因为所谓案件事实不是客观真实而是法律真实，是法官依据一定规则产生的内心确信，只存在内心判断的差异而不存在事实不清的情况，二审法官不认可一审法官认定的事实，即可依据自己的判断改判。发回重审既增加司法成本，又拖累了诉讼当事人。而且二审法官改变一审认定的事实必须指出一审法官在对证据规则的理解与适用上的错误，以减轻二审的不确定性。发回重审只限于一审法院足以妨碍当事人诉讼权利的行使和影响审判公正性的程序违法。再次，应在诉讼法中立法禁止二审法官对一审法官自由裁量权的侵犯。二审改判案件应以一审判决适用实体法错误为条件，即使赋予二审法官对判决适当性的审查权，也仅能以裁判显失公平为由改判。只有采取上述限制二审权力，增强二审确定性的诉讼制度改革措施，才能确保一审法院不受制于二审法院，也才能增强司法权威和公信力。

其次，完善独立的庭审机制。在行政之层面，要建立起院领导宏观管理、部门微观管理和法官自主管理的层级管理格局，明确各个主体的管理权限以及对案件质量效率所应承担的管理责任。其中，各审判业务部门是对审判工作最基础、最直接的管理，重在日常的管理和调度。在业务方面，要界定独任庭、合议庭和审判委员会特别是三者与院长、庭长的关系，正确处理审判职责和管理职责的关系，区分审判事务管理权和审判权的界限，避免交叉重叠或出现管理盲区，解决以往管理中存在的职责不清、职能分散等问题。

再次，完善立、审、执协调配合机制。要加强立案、审判和执行三个环节的协作配合，明确在案件不同处理阶段各部门的职能分工，提高案件质量效率,增强化解矛盾的效果。立案环节就要加强与人民调解组织等的衔接,搞好对外分流,同时,对已经受理的案件要把好繁简分流关,加强立案调解,尽量减少进入实际审理阶段的案件;审判环节就要考虑尽可能减少流入执行程序的案件,加大调解结案力度并注意案件裁判的可执行性,对符合诉讼保全条件的依法采取诉讼保全措施,为执行工作打好基础;执行环节要对因审判导致的难以执行的问题及时提出分析和建议,等等。

最后,完善专门管理机构设置。目前法院具有管理职能的部门和人员比较多,但缺乏固定的交流平台,信息不够畅通,有必要确定审判管理事务的专门机构。关于专门管理机构的设置,各地做法不一,有立案庭、审监庭、评查办、研究室、审委会办公室、审判管理办公室等。笔者认为,从节省司法资源的角度,基层人民法院适应再审制度改革的需求,可以将审判监督庭的职能转换到主要从事审判管理上来;高级人民法院、中级人民法院可以根据需要设置专门管理机构或相对固定管理部门,具体负责指标设定、质效评估、信息汇总、审判运行态势分析、决策建议等工作。

第二节 最高人民法院巡回法庭:级别管辖的新尝试

中国共产党十八届四中全会审议通过的《中共中央关于全面推进依法治国若干重大问题的决定》(以下简称《决定》)中,提出一项优化司法资源配置的举措——最高人民法院设立巡回法庭,审理跨行政区域重大行政和民商事案件。实际上,在我国的实务界和学术界中,早已存在关于最高人民法院设立巡回法庭的想法和建议,如早在 2003 年,时任河南省高级人民法院院长李道民就在"两会"期间建议最高人民法院设立巡回法庭,以维护司法权威,克服地方保护主义。① 而在学术界,王利明教授在

---

① 详见顾立林:《李道民代表建议设立高法巡回法庭》,新华网:http://news.xinhuanet.com/newscenter/2003-03/12/content-773571.htm,访问日期:2015-11-15。

2001年《司法改革研究》一书中就建议最高人民法院向各省、市高级人民法院派出法官组成巡回法庭,负责审理跨省、自治区、直辖市的案件,以及有关死刑复核等案件,并且论证了巡回法庭的具体制度设计。① 《决定》仅提出了目标,却并未明确如何设立巡回法庭,2014年12月召开的中央全面深化改革领导小组第七次会议审议通过了《最高人民法院设立巡回法庭试点方案》。同月底,最高人民法院启动了试点工作,分别在深圳、沈阳设立第一、第二巡回法庭,并于2015年初正式受理案件。根据最高人民法院审判委员会于2015年1月5日审议通过的《关于巡回法庭审理案件若干问题的规定》,巡回法庭主要管辖以下民事案件:在全国有重大影响的第一审民商事案件;不服高级人民法院作出的第一审行政或者民商事判决、裁定提起上诉的案件;对高级人民法院作出的已经发生法律效力的行政或者民商事判决、裁定、调解书申请再审的案件;涉港澳台民商事案件和司法协助案件。根据《决定》,巡回法庭的设立对于削弱司法机关的地方化倾向、维护法制统一具有重要作用,从目前已经公布的改革方案及进度计划来看,如果能够合理地设立巡回法庭,至少在未来一个相当长的时间内,其在司法改革中将成为抑制司法地方化、保障司法公正的重要组成部分,甚至在改革进程基本完成后,巡回法庭依然能够发挥节省诉讼成本、便利诉讼的作用,成为一种常态的制度存在。所以,对于最高人民法院巡回法庭的具体设计,应具有一定的前瞻性,将其放置于司法改革的整体过程中进行规划,保持巡回法庭制度的延续性。

一、现实背景

巡回法庭是一种源于西方国家的审判组织形式,最早始于英国12世纪亨利一世时期为加强王权而派出的在整个英格兰巡回审判的法官团体,这些法官被称为"全英格兰的法官"(justitiarii totius Anglie),在亨利二世时期,巡回法官制度又得以恢复和进一步发展。巡回法庭在我国也

---

① 王利明:《司法改革研究》,法律出版社2001年版,第181页。

并非新鲜事物。在革命根据地时期,就出现了若干"草原法庭""马背法庭"等巡回法庭的初级形式。1953年的《第二届全国司法会议决议》中就明确以成文规定形式,要求县应逐步普遍地设立巡回法庭,以便于依靠群众,就近进行调查,使案件得到迅速和正确的处理。而1991年颁布,并于2007年、2012年修订的《民事诉讼法》均保留了"人民法院审理民事案件,根据需要进行巡回审理,就地办案"的规定。在实践中,各地也纷纷设立各种"巡回法庭",处理各类案件尤其是民商事案件。然而,这些"巡回法庭"与《决定》设立的最高人民法院巡回法庭并不相同,这些"巡回法庭"并不是稳定的常设法庭,基本上限于由基层人民法院设立,设立的出发点是便于群众诉讼,实现"司法为民"的宗旨,而最高人民法院设立的巡回法庭,从目前基本能够确定的改革方案来看,并不是一个临时的巡回机构,而是稳定的常设派出机构,而且最高人民法院巡回法庭的设立背景及目的与下级人民法院巡回法庭有诸多不同之处。总体上看,设立最高人民法院巡回法庭是基于如下几种背景因素所作出的决定。

(1)法院人财物管理体制改革后省级法院的司法地方化问题未能解决。2013年11月中国共产党第十八届三中全会通过的《中共中央关于全面深化改革若干重大问题的决定》提出"推动省以下地方法院、检察院人财物统一管理"的改革目标,作为打破司法地方化的措施。2014年6月中央全面深化改革领导小组发布的《关于司法体制改革试点若干问题的框架意见》又一次明确了"推动省以下地方法院、检察院人财物统一管理"的改革目标。这也就意味着,本轮司法改革中对于法院系统人财物管理的变革仅限于基层人民法院和中级人民法院,而省级高院的人财物并不由中央统管。虽然法院系统人财物的中央统管也曾是备选方案之一,但最终并未被采纳。对于这种选择,最高人民法院的解释是由于我国法院和法官人数众多,由中央统管难度太大,所以相对来说由省统管较为现实。但其深层原因之一,是由于省级党政领导有参与最高层决策并提出交涉的机会和能力,所以并不赞同完全脱离地方、彻底独立的法院和检察院,因此最终选择省以下法院、检察院的人财物统管。然而不管其真正原因为何,实行省级以下法院人财物统管,就使省级法院的司法地方化问题成为遗留未决的问题,省级法院依然受制于同级党政机关,因此其独立司法问题就成为司法改革中的缺失环节。并且正是由于省级以下法院的人财物统管,可能会形成学者所担心的法院系统强化行政化的趋势,若省级法院基于地方利益而对下级法院进行过多的不当干预,将从体制层面破坏审判独立的改革目标。省级法院司法地方化问题的遗留未决,就导致独立司法、法制统一的总体改革目标难以完全实现。从改革理念来看,此次司法改革中尤为强调"司法权是中央事权"的观念,所谓"司法权是中央事权",就是对司法统一原理的政治阐述,司法统一原理要求司法机关统一行使国家司法权,在司法机关内部不存在司法权的中央与地方之间的划分问题,因为司法权是一种不可转让、转授的国家权力,具有极强的专属性,只有消除司法地方化问题,才能保障各级司法机关不受地方权力影响而保持独立司法的地位。因此,此次司法改革对省以下法院实行人财物统管,实际上是回归司法统一要求的举措,改变长期以来法院人财物受制于地方而形成的实质上的司法地方化问题,但遗憾的是改革并不彻底。根据我国的三大诉讼法,对于大多数的一般案件乃至重要案件来说,省级法院基本上就是终审法院,所以若不解决省级法院的地方化问题,就不能完全实现司法权的统一行使,这无疑是司法改革的败笔。司法改革的顶层设计者对此不会无动于衷,所以确定由最高人民法院设立巡回法庭,部分原因可能就在于要弥补省级法院人财物未实行中央统管所带来的缺陷,主要目的是打破省级法院的地方化问题,对跨区域的重大案件进行审理,防止省级法院基于维护地方利益的考虑而枉法裁判或不当干预下级法院司法,抑制司法地方保护主义。(2)最高人民法院案件审理压力不断增大。从比较法角度来看,各国的最高法院都呈现出精英化法院的面貌,最高法院从事具体案件的审判工作较少,而将更多精力都放在处理各种复杂、宏观的政治和法律问题上,这是因为从定位上来看,最高法院不是以处理个案、解决纠纷为主要功能,而是以法制统一、公共政策形成、权力制约等为其主要功能,所以域外最高法院法官人数及审理案件数量均较少。如日本的最高法院只有法官15人,而美国联邦最高法院只有9名法官。这些国家的最高法院一般把审查的重心放在具有普遍重要性的案件上,集中精力解决"法律问题",而非事实问题。如美国联邦最高法院,近几年来每年收到的调卷令申请接近1万份,但其每年审理的案件数量都维持在80件左右。①

理论上,我国的最高人民法院也应属精英化法院,不应以审判具体案件为主要工作。但实际上,近年来,最高人民法院的案件审理压力不断增大,繁重的案件审理工作使最高人民法院法官难以再投入太多精力从事制定司法解释、构建宏观司法政策等工作,而这显然与最高人民法院作为精英化法院的地位不符,使最高人民法院难以发挥引领国家司法风向标的功能。所以,设立最高人民法院巡回法庭,可以将具体案件审判的重心下移,也即将具体案件的审理从最高人民法院本部分流至各巡回法庭,使最高人民法院本部能够从繁重的具体案件审理工作中解脱出来,集中精力进行制定司法解释、司法政策等工作。虽然《决定》提出设立最高人民法院巡回法庭是为了"审理跨行政区域重大行政和民商事案件",但巡回法庭作为最高人民法院的派出机构,可以审理的案件范围不必限于跨行政区域的重大行政和民商事案件,只要不是必须由最高人民法院本部审理的案件都可以由巡回法庭审理,以充分发挥其案件分流功能。

二、功能定位

从最高人民法院设立巡回法庭的背景来看,既有基于达成司法改革总体目的的政策考虑,也有最高人民法院基于自身运行及政治需求的现实考虑。因此,虽然即将成立的巡回法庭主要是一个负责具体案件审理的派出机构,但通过审理具体案件而承载着多重功能。具体而言,巡回法庭将兼具如下功能:

(1)监督省级法院公正司法。基于司法受制原理,为了保证司法权的

---

① 左卫民:《死刑控制与最高人民法院的功能定位》,《法学研究》2014年第6期。

理性行使,司法权要接受制约①,未能完全独立的司法权更需要接受监督和制约。由于司法改革设计了省以下法院人财物统管的方案,省级法院依然会存在独立性难以保障、司法地方化问题,并且可能会通过随意干预下级法院司法来实现地方利益,所以最高人民法院巡回法庭的最主要功能就是对省级法院进行监督,确保其不受地方党政影响而公正司法。虽然《决定》要求巡回法庭要审理的是"跨行政区域重大行政和民商事案件",但从目前已知的巡回法庭的机构设置、人员编制等基本情况来看,巡回法庭无力对省级以下法院审理的所有跨行政区域案件进行全面监督,而只能通过二审、再审管辖权将监督的重点置于省级法院,至多对中级人民法院(包括跨行政区域的中级法院)审理的重大案件进行监督,如根据《行政诉讼法》规定的由中级人民法院受理的对国务院部门或者县级以上地方人民政府所作的行政行为提起诉讼的案件。至于其他一般的、简单的跨区域案件,可以由日后将要设立的跨行政区划的基层人民法院进行审理,通过正常的上诉、再审程序进行省级监督即可,无需巡回法庭进行监督。实际上,从我国《民事诉讼法》《行政诉讼法》对案件级别管辖权的规定来看,所谓"重大行政和民商事案件"基本上都规定由中级以上人民法院审理,所以只要巡回法庭能对中级或省级人民法院审理的跨区域重大案件进行有效监督,并重点在二审、再审阶段对省级法院审理的案件进行监督和纠错,就基本能够保证这类案件的公正审理。

  因为巡回法庭主要的任务是审理案件,所以在监督省级司法的具体方式上,只能通过法定的管辖权对具体案件进行上诉审或再审,而不宜采取过去实践中存在的直接派员到下级法院参加案件审理的方式,也不宜对个案的审理进行具体指导,这是因为改革方案已经基本明确,巡回法庭代表着最高人民法院,所以如果直接派员参与下级法院的案件审理,就导致审级制度形同虚设。可以预见的是,由于巡回法庭成为现实的监督压力,个别下级法院可能会迫于压力采取降低级别管辖的方式规避巡回法

---

① 谭世贵:《中国司法原理》,高等教育出版社2004年版,第496页。

庭的监督。为了遏制这种现象,巡回法庭应建立一定的案件通报机制,要求下级法院受理跨区域重大行政案件或民商事案件之后,立即向巡回法庭通报,若巡回法庭认为管辖不合理,可通过上提管辖权的方式,将有可能存在地方保护问题的跨区域案件提至中级或省高级法院审理,甚至直接提级至巡回法庭审理,以保障巡回法庭对这类案件的初审、二审或再审管辖权。除了法律规定的下级人民法院可以请求将案件移送上级人民法院管辖之外,还可以在具体的改革方案中,赋予当事人类似的请求权,由当事人直接向巡回法庭申请将可能存在地方保护的跨区域案件提级管辖,由巡回法庭根据案件存在地方保护问题的可能性、案件重要性、案件复杂程度等因素,决定是否提级管辖,这样的做法有利于遏制下级法院通过降低管辖权逃避巡回法庭监督的现象,也不违背诉讼法的立法目的和基本精神,有助于发挥巡回法庭监督省级法院司法的功能。

(2)通过司法化解地方社会矛盾。如前所述,通过设立最高人民法院巡回法庭,将可能影响社会稳定的诉讼案件通过司法渠道解决,减少最高人民法院的政治风险是巡回法庭的设立目的之一。这种论断可能会遭受质疑,即将过多的政治因素置于巡回法庭之上,会弱化巡回法庭的司法属性,使其成为政治性工具,影响司法独立。但实际上,司法是否独立与司法机关是否执行国家政策并不能画等号,作为国家权力分支,司法权并不能完全超脱于政治而存在,司法机关在具体个案中执行那些与法律体系并无冲突的国家宏观政策,并不必然会影响独立司法,只要在司法过程中对政策的考量依然保持在法律的轨道中。即便是在司法高度独立的美国,联邦最高法院也经常在宪法案件中遵从国会的意见,只有在极少数的案件中,联邦最高法院才对国会的政策制定权构成明确而迫切的威胁。[①] 维持国家局势和社会整体稳定是我国一项重要政策,也符合当前国家和民众的根本利益要求。在执行层面,目前政治高层也提出要强化和完善

---

① [美]杰弗瑞·A 西格尔等:《美国司法体系中的最高法院》,刘哲玮、杨微波译,北京大学出版社 2011 年版,第 337 页。

解决社会矛盾和冲突的法治机制,使法治成为解决矛盾的长效化、制度化手段。在这种政策导向下,最高人民法院就成为建立法治轨道下社会矛盾解决机制的排头兵,必须能够拿出具体可行的方案并付诸实施。而巡回法庭的设立,则成为分散最高人民法院解决社会矛盾压力的措施之一,必须发挥及时处理影响社会稳定的重要案件、防止社会矛盾激化的功能。

党的十八大报告指出,要提高领导干部运用法治思维和法治方式深化改革、推动发展、化解矛盾、维护稳定能力。因此,司法机关应当充分发挥司法在化解矛盾、解决纠纷中的主渠道功能。作为最高人民法院的派出机构,巡回法庭承载的化解社会矛盾功能是在法治原则下通过审理具体案件和推动司法政策来实现的,而不仅是纯粹出于政治性因素的考量。因此,针对各种可能影响社会稳定的案件,巡回法庭应严格依法进行审理和判决,将各种利益诉求纳入法治轨道解决,对地方行政权力发挥限制作用,尤其对下级法院审理的各种因司法地方化而导致的不公正案件,要依法进行纠正,破解司法地方保护主义难题。由于巡回法庭的判决就是最高人民法院的判决,是司法救济的最高审级,所以在复杂案件中,巡回法庭要发挥作为最高司法机关派出机构的协调功能,与地方党政机关、司法机关充分进行沟通协调。通过巡回法庭对案件的审判,不仅在个案中要实现"案结事了",化解个别社会矛盾,还要发挥对类似案件的宣示和导向作用,抑制或防止地方的同类社会矛盾再次发生。

(3)指导地方法院司法。随着最高人民法院巡回法庭的设立,案件审判的重心下移,巡回法庭更贴近和了解下级法院的司法业务状况,因此,除了审理具体案件之外,巡回法庭更具有条件承担根据区域司法特征,指导下级法院司法的任务,消除下级法院司法过程中出现的曲解、违背法律和司法解释等混乱现象,提高下级法院的司法业务水平。如果按照初步设想的分区域设立巡回法庭,则不同区域的案件类型、数量会呈现出不同特征,如经济较为发达的浙江省,民间借贷案件数量极大,据统计,仅2012年上半年,全省就受理民间借贷案件5,8037件,涉案金额283.9亿元,而且民间借贷案件呈现出越来越复杂的趋势,如企业之间"互保联保"的借贷担保方式较为普遍。为了应对数额庞大、日趋复杂的民间借贷案件，浙江省高级人民法院先后发布《关于审理民间借贷纠纷案件若干问题的指导意见》《关于服务金融改革大局依法妥善审理民间借贷纠纷案件的若干意见》等司法政策文件，但其中有些条文与现行法律、司法解释相违背，如关于借贷利率，《关于审理民间借贷纠纷案件若干问题的指导意见》第20条第2款规定："约定的利率超过借贷行为发生时中国人民银行公布的同期同档次贷款基准利率四倍的，超过部分的利息，法院一般不予保护。但借款人自愿给付出借人四倍利率以上利息，且不损害国家、社会共同利益或者他人合法权益的，法院可不予干预。"这显然与最高人民法院发布的《关于人民法院审理借贷案件的若干意见》第6条相违背，以当事人合意将高利借贷合法化。另外这些文件中还存在若干不合理之处，如《关于审理民间借贷纠纷案件若干问题的指导意见》第17条第3款规定："对金额较小的现金交付，出借人作出合理解释的，一般视为债权人已经完成行为意义上的证明责任，可以认定借贷事实存在。"该条规定将"合理解释"作为证据，并且认为合理解释即可达到证明标准，实在有些不知所云。所以，以这些欠缺合理性甚至明显违背法律、司法解释的地方性司法政策文件指导司法，必然会产生若干不公正、不合理的判决。

因此，最高人民法院巡回法庭可以根据区域案件发展形势和特征，发挥指导地方司法机关审判业务的功能，而最高人民法院本部则着重于全国范围内一般性、通常性的司法指导工作。根据最高人民法院2010年颁布的《关于规范上下级人民法院审判业务关系的若干意见》第8条规定："最高人民法院通过审理案件、制定司法解释或者规范性文件、发布指导性案例、召开审判业务会议、组织法官培训等形式，对地方各级人民法院和专门人民法院的审判业务工作进行指导。"所以对于巡回法庭来说，日常可以采取召开审判业务会议、法官集中培训等形式，在证据认定、法律适用等方面对下级法官审判特定类型案件的业务进行指导，纠正下级法院发布的违反法律、司法解释的或不合理的司法政策文件。对于规范区域性司法必须制定司法解释或规范性文件的事项，或者有价值的指导性案例，应当向最高人民法院建议制定司法解释或规范性文件，或者将指导性案例推荐至最高人民法院案例指导工作办公室，发挥巡回法庭连接最高人民法院和下级法院司法实际需求的纽带作用。

第三节　两区分离：地域管辖的新探索

司法行政化、地方化是法学界和司法实践领域关注已久的沉疴痼疾。长期以来，我国的司法与行政区划合一，司法机关由本级人大产生，法官、检察官的选拔任命均由地方决定，司法机关的经费由本级财政保障，在人财物均受制于地方的情况下，司法权的运行必然受到地方力量的掣肘。随着社会主义市场经济和民商事交往的深入发展，跨行政区划乃至跨境案件越来越多，涉案金额越来越大，导致法院所在地有关部门和领导越来越关注案件处理，以致利用职权和关系干预法院审判，造成相关诉讼出现"主客场"现象，不仅不利于平等保护当事人合法权益，也阻碍了法院独立审判和法律的公正实施。随着党的十八届三中全会的召开，这些问题迎来了转机。2013年11月，党的十八届三中全会审议通过了《中共中央关于全面深化改革若干重大问题的决定》（以下简称《决定》），其中指出"确保依法独立公正行使审判权检察权，改革司法管理体制，推动省以下地方法院、检察院人财物统一管理，探索建立与行政区划适当分离的司法管辖制度，保证国家法律统一正确实施。"2014年7月，最高人民法院发布了《人民法院第四个五年改革纲要（2014—2018）》，提出"探索建立与行政区划适当分离的司法管辖制度"等改革举措。2014年10月，党的十八届四中全会审议通过了《中共中央关于全面推进依法治国若干重大问题的决定》，提出"最高人民法院设立巡回法庭，探索设立跨行政区划的人民法院和人民检察院"。这一改革设想正面回应了多年来学界及社会舆论要求司法"去地方化""去行政化"的呼声，有利于构建普通案件在行政区划法院审理、特殊案件在跨行政区划法院审理的诉讼格局。作为一项打破行政区划设立司法机构的管辖权制度,"两区分离"试点的设立对于实现司法体制改革在管辖权领域的破题意义重大。

一、传统地域管辖的缺陷

我国现行《民事诉讼法》规定的地域管辖,一方面要考虑行政区划因素;另一方面要考虑当事人或诉讼标的和人民法院的关系。按惯例来说,一般按照一定的行政区划来设置、确定法院的管辖范围。在此基础上,各国民事诉讼制度的惯例都是以与案件有一定联系的地点来确定管辖法院,这也符合管辖制度的规律。这是因为,在通常情况下,同一案件无论由哪个地区的法院来管辖、审理,其均应适用同程序、同一实体法律,以保证案件的公正处理,保护当事人的合法权益。从诉讼机理上看,我国民事诉讼法从既方便人民群众诉讼、又便于人民法院办案的基点出发,以被告住所地为基本依据而建立的地域管辖制度本身并无不当。但是在现实生活和司法实践中,我国现行地域管辖制度已暴露出如下问题:

首先,致使地方保护主义的滋长。尽管《民事诉讼法》关于地域管辖的规定并不会自动地产生地方保护主义,不过其规定,对于绝大多数民事案件,被告人住所地的人民法院均有管辖权,这些规定反倒成为地方保护主义者能够利用的有力工具,致使地方保护主义的滋生。管辖乃是民事诉讼的首要环节,因此,在地方保护主义者眼中,管辖就成为一个首要的突破点,成为实施地方保护主义的第一个步骤。众所周知,当地政府掌控着人民法院的人、财、物,因而当本地的企业或部门作为被告时,为了保护本地区或本部门的利益,当地政府往往会以"注重案件的政治效果、社会效果""为经济建设保驾护航"等借口,对法院施加压力,要求法院依照其意志为本地当事人服务。而法院迫于压力,往往会在管辖权上大做文章,如指使当事人向自己提起诉讼;或者故意弄虚作假,使立案时间提早;或故意编造法律事实,受理本无管辖权的案件;或明知其他法院已立案受理,仍重复立案或拒不移送等。

其次，损害人民法院的公正形象。实践中，民商事案件的被告人往往是侵权或不履行义务的主体，由被告人住所地的人民法院管辖过多的案件，也会影响当地法院公正。一方面，人民法院以公正司法、树立法院的权威公正形象为目标；另一方面，法院又必须处理好与当地政府和部门的关系，以保障法院审判工作的正常开展。尤其当与本地经济有重要关联的当地企业或本地政府部门作为被告时，由当地法院来审理，很多情况下，法院会陷入进退维谷、难以抉择的困境。不依法公正审判与法院本身所追求的目标不符，同时也难以回避法律本身的评判；依法公正审判又可能招致地方保护主义者的不满，进而使得法院在人事、财政等方面陷入困境，不利于法院今后工作的正常开展。最后，法院只能是自觉或不自觉地与本地当事人结成利益共同体，成了地方保护主义者谋取非法利益的工具。正是由于地方保护主义的存在，严重损害了司法公正，使人民法院背上了司法腐败和司法不公的骂名，破坏了人民法院公正的形象。

最后，重被告轻原告，不利于保护原告权利，显失公平。司法实践中，由于人类活动范围的不断扩大，原告、被告双方不在同一行政管辖区的现象越来越普遍。根据《民事诉讼法》规定，被告住所地的法院对于绝大多数案件享有管辖权，而原告住所地法院能管辖的案件相较稀少，这显然不利于原告权益的维护。但是在审判实践中，原告胜诉的民事案件依然占据大多数，这就说明在绝大多数的民事纠纷中（虚假诉讼情形除外），原告的合法权益往往确实受到侵害，而被告往往是侵害他人合法权益、不履行法定或约定义务的一方。这就要求我们在民事诉讼地域管辖制度的设置上，要充分保护原告的权益，以便于原告进行诉讼，有利于实现原告合法权益。而我国现行民事诉讼地域管辖制度，却在一些地方便利于被告。特别是在跨地区的诉讼中，原告往往要不远千里到被告所在地的法院打官司，不仅劳碌奔波，而且在食、住、行等方面都要花费大量的钱财和精力。而被告却可以往往利用其地域优势和资源人脉，以逸待劳，在诉讼中处于有利地位。这对于原被告双方来说显然是不公平的。

二、"两区分离"下的地域管辖权新格局

相较于传统的以行政区划为界限的地域管辖模式,"两区分离"在弥补地域管辖权制度缺陷、优化审判资源、实现司法去地方化、构筑权力运行的良性机制方面有着不可替代的功用,有利于实现地域管辖制度新格局。

首先,"两区分离"能够优化审判资源。调查显示,我国每年的各级法院民商事案件受理量在不断地上涨,且远超同一时期其他收入的增长率。[①] 可见,面对处于社会转型时期的中国来说,诉讼案件的数量不断上涨,法官在审判过程中将面临巨大的压力。而目前我国司法资源的稀缺问题无法在短时间内解决,因此,重新设置司法管辖区,对已有的资源进行合理的分配、利用,节约成本,提高效率成为我们必然的选择。由于我国幅员辽阔,各地的经济社会发展水平极不平衡,因此,在总体案件上升的情况,不同发展水平的地区的法院和法官承担的案件审判任务是不一样的。如2014年,江苏省法院受理案件139万多件;陕西省法院受理案件23万多件;青海省法院受理案件5万多件。而解决诉讼量不同的办法有两种:一个是在案件较多的法院增设法官,这是通常的做法;另一个更好的办法可能是重整司法管辖区。案件较少的地区,合并重新划分司法管辖区,并为了便民诉讼,设置巡回法院或派出法庭。案件较多的地域,划分新的司法管辖区,适当减轻法官的审判工作量。

其次,"两区分离"有利于摒除司法地方化。尽管《宪法》和相关法律都明确地规定了法院的独立审判权,但是这些条文在实践中由于存在不科学的问题,使得司法地方保护主义有了可乘之机,法院依法独立行使审判权受到影响,体现在法院人事财政体制和司法管辖区与行政区域高度重合上。建设法治国家,必须建立依法独立公正的司法管理体制,才能实现权力控制和人权保障。否则,依法治国就仅仅是句口号而已。而通过

---

① 景汉朝:《司法成本与司法效率实证研究》,中国政法大学出版社2010年版,第1页。

司法管辖区设置改革,实现司法管辖区与行政区域相分离,一定程度上摆脱司法地方化,实现司法公正,从而实现依法治国。

再次,"两区分离"有利于司法去行政化目标之实现。目前,我国的法官体制等级森严,彼此之间存在行政隶属关系,很多情况下,承办法官难免受制于上级领导或上级法院的"意志",难以真正独立行使审判权,影响人民法院的司法权威和司法公正。诸多"人情案""关系案"以及司法腐败的事实表明,此种体制设置,阻碍了我国建设现代法治国家的进程。上海市第三中院作为全国首家挂牌的跨行政区划法院,试点以司法辖区的独立划分作为改革的突破口,使司法辖区与行政辖区脱钩,辅之"以法官为中心"的审判运行机制,让裁判者负责,摒除上级法院的干涉。承审法官独立行使审判权,除受法律和良知约束以外,不受其他外在干扰。只有摒除党政机关及其领导干部对法院和法官审判工作的干预,才能形成专业化、职业化的法官队伍。专业化的法官群体能够更好地解决司法纠纷问题,使复杂的社会更加有秩序。职业化的法官群体在物质保障和稳固自身地位的前提下,面对复杂的案件,能够更加专注地潜心投入办案。随着各类新型诉讼案件的不断上涨,亟需专业化、职业化的法官队伍,这不仅能提高诉讼效率,而且能够重塑法院和法官在社会公众面前的权威形象,提升司法公信力。

最后,"两区分离"有利于保障司法独立公正,更好地实现司法权对行政权的监督功能。当前,人民法院的司法权受制于行政权的干涉,使得司法权对行政权之间的监督关系形同虚设。司法权地位被削弱的现实,敦促我们必须重视行政权边界的规范问题,防止行政权力漫无边际地扩张,避免行政权力滥用对公民和其他机构的合法权益造成的侵害。当代法治发达国家的经验表明,对于具有易扩张、易嬗变天性的行政权而言,司法裁决的终局性和权威性是监督和制约行政权合法行使的最有效方式。[①]因此,我们有必要调整司法权在整个国家权力结构中的地位,让司法权被

---

① 罗豪才主编:《行政法学》,法律出版社1999年版,第33—34页。

削弱的监督职能回归正轨。而相对独立的监督主体,是实现监督职能有效履行的重要前提。建立司法管辖区与行政辖区相分离的"两区分离"举措,为地方党政机关及领导干部干预法官审判设置了隔离带,不仅有利于实现法院审判权的独立公正行使,更有利于司法权真正实现对行政权的监督功能。从长远来看,"两区分离"有利于构筑权力运行的良性机制,维护国家的法治秩序,切实保障公民的合法权益。

三、跨地域管辖探索中的学理尝试

由于党中央《决定》和最高人民法院的五年规划都存在探索跨行政区划管辖的问题,即到底有哪些具体的措施、路径仍不清楚,对此,最高人民法院司法改革领导小组办公室规划处处长何帆法官指出:"为了确保跨省案件和涉及省级利益的案件能够得到公正审理,进一步优化司法资源,人民法院还将总结海事法院的成功经验,探索建立与行政区划适当分离的司法管辖制度。如设立跨行政区划的法院;设立知识产权法院等专门法院;通过提级管辖、指定管辖,审理部分行政案件、跨行政区划的民商事案件或环境保护案件。同时加大最高人民法院对全国法院的监督力度,通过建立巡回审判机制,彻底破除地方保护主义的干扰。"因此,笔者认为,其可作为此项改革的突破口,例如,按照我国传统的行政区划分办法,分为东北、西北、西南、华北、华东、华南、中南等多个巡回区域,并各设一个巡回法庭。也可根据案件性质,分别设立民商、海商、环保、行政、刑事等若干个巡回法庭,代表最高人民法院通过提级管辖或指定管辖的方式审理案件。七大区域巡回法庭可分别驻扎在长春、兰州、昆明、北京、南京、广州、武汉。尤其需要注意的是,设置巡回区法庭之后高级法院对案件的"规避"问题。① 对于高级人民法院的设置,有学者提出:每两到四个省级行政区划设置一个高级法院。② 除内地司法治权不及的港澳台地区之外,

---

① 沈国明:《司法改革应设定阶段性目标》,《东方法学》2014 年第 5 期。
② 贺卫方:《司法区划的构思》,《中国法律评论》2014 年第 1 期,第 56~57 页。

全国范围内共设置12所高级法院,并以所在城市命名:

1. 长春高级人民法院,辖黑龙江、辽宁、吉林;
2. 石家庄高级人民法院,辖北京、天津、河北;
3. 呼和浩特高级人民法院,辖陕西、山西、宁夏、内蒙古;
4. 乌鲁木齐高级人民法院,辖甘肃、新疆;
5. 西宁高级人民法院,辖西藏、青海;
6. 济南高级人民法院,辖河南、山东;
7. 南京高级人民法院,辖安徽、上海、江苏;
8. 武汉高级人民法院,辖湖南、湖北;
9. 成都高级人民法院,辖重庆、四川;
10. 昆明高级人民法院,辖贵州、云南;
11. 南昌高级人民法院,辖福建、浙江、江西;
12. 广州高级人民法院,辖广西、海南、广东。

不可否认,作为一项涉及宪法体制和宪法实践等全方位、多层面,具有牵一发而动全身的司法体制改革,仍需采取一种渐进的、相对合理的步骤。

第四节 专门法院:司法专业化的制度探索

民事专门审判机构,包括专门法院和专门法庭,是指法律规定某一类具体的案件专属于某一具体的法院管辖,或者专属于某一具体的法庭管辖,设立专业法院、法庭的初衷是减轻普通法院或最高法院的工作量,并为专门案件设置其需要的专门程序和专业法官,从而更体现了审判的专业化。有的法院或法庭根据案件的影响程度来确定管辖权,而不是基于案件的特殊性或当事人的特殊性。例如,有的国家设立简易审判所,审理轻微的刑事案件和民事案件时不设置陪审员,也不用合议庭,甚至连质证程序都可以省略。高级法院则审理罪行严重的案件,最高法院则管辖全国范围内的重大案件。这种以案件的严重程度进行的分类不是我们研究的专门法院。我们所说的专门审判机构,是指按照事务的性质或当事人的身份,来确定其特定的管辖范围的审判机构。

一、我国的专门法院设置

从设立背景上看,我国的专门法院是建国之后计划经济体制下的产物,直接脱胎于苏联的司法体制。也正是这种特殊背景来源,导致中国的专门法院在法律规范与现实发展中出现了不协调。

作为一个法律概念,专门法院在我国最早出现于1979年《人民法院组织法》的第2条:中华人民共和国的审判权由下列人民法院行使:(1)地方各级人民法院;(2)专门人民法院;(3)最高人民法院。地方各级人民法院分为:基层人民法院、中级人民法院、高级人民法院。专门人民法院包括:军事法院、铁路运输法院、水上运输法院、森林法院、其他专门法院。1982年《宪法》有关人民法院的规定是中华人民共和国设立最高人民法院、地方各级人民法院和军事法院等专门人民法院。1983年《人民法院组织法》进行了修订,其第2条关于专门法院的规定改为:中华人民共和国的审判权由下列人民法院行使:(1)地方各级人民法院;(2)军事法院等专门人民法院;(3)最高人民法院。地方各级人民法院分为:基层人民法院、中级人民法院、高级人民法院。从法律文本的变迁可以看出,我国法院体系由最高人民法院、地方各级人民法院以及专门人民法院组成。关于专门法院,1979年的《人民法院组织法》是以列举的方式规定,包括军事法院、水上运输法院、铁路运输法院、森林法院以及其他专门法院。但1983年《人民法院组织法》修订时,这一款被删掉,只是概括性地规定了军事法院等专门法院。

关于法律文本上的这种变动,除军事法院外,还需要设立哪些专门法院,以及专门法院的体制、职责和管辖范围等,实践中尚缺乏经验,且各方面意见尚未达成一致。而修改后的规定较为灵活,除明确军事法院必须设立以外,对其他专门法院的设置不作具体规定,可根据实践,需要设的就设,不需要设的就不设。"而关于已设立的铁路运输法院等专门法院,王汉斌也指出对其"设置、体制、职责和管辖范围问题,仍有不同意见,可由有关部门加以研究解决。"①上述说明实际表明了三层意思:一是我国承认专门法院的法律地位并鼓励专门法院的发展;二是专门法院的设置有明确的前提,必须以我国经济社会发展实践及人民群众发展变化的司法需求为条件;三是专门法院的发展并非单纯的法院组织体系变化问题,而是属于整个司法体制改革中的一环,不仅应考虑法治价值因素,还需要考虑改革所处的社会历史环境。基于上述因素的考量,我国对专门法院实行特殊的管理制度,并在《人民法院组织法》第29条特别规定:专门人民法院的组织和职权由全国人民代表大会常务委员会另行规定。但遗憾的是,全国人大常委会至今未对专门法院的组织和职权作出规定,这种立法的滞后造成现阶段我国专门法院的性质模糊、地位尴尬、制度混乱,以至于一些学者对专门法院存在的合法性与合理性均产生质疑。②

我国法院体系由地方各级人民法院、最高人民法院以及专门人民法院构成。根据《宪法》第128条的规定,最高人民法院对全国人民代表大会和全国人民代表大会常务委员会负责。地方各级人民法院对产生它的国家权力机关负责。而在中国的实践中,除了最高人民法院和地方各级人民法院以外,还存在诸多不由国家权力机关产生的"专门"法院:

(1)军事法院。军事法院是我国唯一具有《宪法》依据的专门法院,包括中国人民解放军军事法院,大军区、军兵种军事法院和兵团、军级军事法院三级。各级军事法院的审判工作受最高人民法院监督,中国人民解放军军事法院院长由最高人民法院院长提请全国人大常委会任免。

(2)海事法院。海事法院是为行使海事司法管辖权而设立的专门审判海商事案件的专门法院。1984年,第六届全国人大常委会第八次会议

---

① 王汉斌:《关于修改〈人民法院组织法〉和〈人民检察院组织法〉的说明》,载《人民日报》1983年9月3日。

② 参见付荣:《中国海事法院:问题与出路——兼论其他专门法院》,《河北法学》2009年第5期。

通过《全国人民代表大会常务委员会关于在沿海港口城市设立海事法院的决定》，这成为我国现代海事法院设立的依据。据此,我国先后在广州、上海等地共设立了十个海事法院。海事法院作为受理海事、海商案件的专门法院行使国家司法管辖权,在级别上属于中级人民法院,但审理案件均为一审案件,其二审案件则一律由海事法院所在地的高级人民法院审理。

(3)铁路运输法院。铁路运输法院在新中国建立后的历史较为波折。早在1954年,我国即建立了"铁路沿线专门法院",1955年更名为"铁路运输法院"。1957年9月,铁路法院予以撤销。1980年7月25日,司法部、铁道部联合发出《关于筹建各级铁路法院有关编制的通知》,各级铁路法院予以复建。1987年4月,最高人民法院和最高人民检察院联合发出《关于撤销铁路运输高级法院和全国铁路运输检察院有关问题的通知》,铁路运输高级法院被撤销,铁路运输法院仅设铁路运输基层法院和铁路运输中级法院两级。2012年6月,铁路法院整体转制完成,正式纳入国家统一司法体系。目前,我国共有17个铁路运输中级法院,下辖58个铁路运输基层法院。

(4)农垦法院。农垦是一个独特的中国概念。建国之初,为满足国家农业需求,我国建立了农垦系统,在无农地区开辟新的农业基地,形成农垦区,最为著名的农垦区是黑龙江垦区和新疆生产建设兵团垦区。黑龙江垦区由黑龙江省农垦总局管理,实行政企社合一的管理体制,在这一体制下,产生了农垦法院。1982年,根据《黑龙江省五届人大常委会关于在林区、农垦区建立人民法院和人民检察院的决定》,黑龙江省成立了黑龙江省农垦中级人民法院,下辖8个农垦区基层人民法院。

(5)林业法院。1979年的《人民法院组织法》曾将森林法院列举为专门法院一种,1982年开始,黑龙江、吉林、甘肃等省在国有林区组建了森林法院,此后森林法院改名为林业法院。目前,我国在黑龙江省建有黑龙江省林区中级法院,下辖柴河、林口等23个林区基层法院;在甘肃省设有甘肃省林区中级法院,下辖卓尼、文县等4个林业基层法院;在吉林省,分别设有长春林业中级法院和延边林业中级法院两个林业中级法院,这两个林业中级法院又分别下辖5个林业基层法院。

(6)矿区法院。矿区法院是设立在国有矿区的专门法院。目前,以专门法院面目出现的矿区法院仅有甘肃矿区人民法院。而以"矿区法院"命名的法院还包括山西大同市矿区人民法院、山西阳泉市矿区人民法院以及河北井陉矿区人民法院等,但因这些曾经的矿区都已经成为行政区,这些矿区法院实际上也不再是专门法院。

(7)油田法院。油田法院是设立在国有大中型油田的专门法院。我国曾设有胜利油田人民法院和胜利油田中级人民法院,后均于1995年被撤销,改建为东营区人民法院和东营市中级人民法院。我国目前仍存在的油田法院是辽河油田法院。辽河油田法院体系包含辽河油田法院和辽河油田中级法院,2009年改制后,名称分别改为辽河人民法院和辽河中级人民法院,其管辖范围为辽河油田的生产区、管理区、生活区,涉及辽宁和内蒙古的13个地市、32个县(旗、区)。

(8)新疆生产建设兵团法院。新疆生产建设兵团组建于1954年,是基于国家安全需要设立的党政军企合一的特殊体制。1998年12月,全国人大常委会通过了《关于新疆维吾尔自治区生产建设兵团设置人民法院和人民检察院的决定》,决定在新疆维吾尔自治区设立新疆维吾尔自治区高级人民法院生产建设兵团分院,作为自治区高级人民法院的派出机构;在新疆生产建设兵团设立若干中级人民法院;在生产建设兵团农牧团场比较集中的垦区设立基层人民法院。兵团法院的法律地位就此正式确立。目前新疆生产建设兵团法院包括三级共43个法院,其中,中级法院13个,基层垦区法院29个。

(9)开发区法院。开发区法院是建立在全国各地经济技术开发区、高新技术产业开发区、保税区、国家旅游度假区等实行国家特定优惠政策的各类开发区内的法院。开发区不是一级政府,也没有人民代表大会,各地通常成立开发区管委会来对开发区进行管理,并在开发区内设立法院处理开发区内的法律纠纷。据笔者不完全统计,全国共有30多家开发区法院。

除此之外,我国在庐山风景旅游区还设有庐山法院,在三峡坝区还有三峡坝区法院,在四川省科学城还设有科学城法院。

二、专门法院在我国法院体系中的定位

如果仅就法律条文而言,我国除了地方各级人民法院和最高人民法院,其他法院应该均属于专门法院。但实际上,由于历史和政策因素的影响,法院的类别并不如法律规定的那般泾渭分明。

首先,就新疆生产建设兵团法院和黑龙江农垦法院而言,两者均脱胎于新中国成立初期的农垦体制,在农垦区实行的是党政社企合一的特殊体制。垦区单独于地方行政区划,也没有人民代表大会,但垦区也按照地域进行划分管理,垦区法院按照垦区的划分进行地域管辖,且法院内部运行形式与其他地方法院基本一致,但基于垦区本身的特殊性,兵团(垦区)法院事实上既不能简单地归为地方法院,也不能称为专门法院,垦区法院的改革要依托于我国农垦体制的改革而进行。

其次,对于全国各地频现的开发区法院,同样属于政策的产物。伴随着改革开放的进程,各类经济开发、高新技术产业开发区在各地如雨后春笋般发展起来,为了更好地服务开发区内的经济发展,开发区法院也纷纷设立。开发区管委会和法院的地位一直都是争论激烈的问题,在宪法和法律上缺乏依据,但在现实中却发挥着巨大作用,且开发区法院的改革变化从属于开发区的改革变化。值得注意的是,开发区的行政区化是一个发展趋势,比如上海的浦东新区、天津滨海新区、青岛的黄岛开发区、广州市南沙区都已经转化为行政区,相应的开发区法院也均转变为地方人民法院。随着我国改革开放的进一步深入,开发区法院慢慢会成为一个历史现象。同样的,还有坝区法院等基于地域特殊性产生的法院,以后也将随着这些区域的行政区划改革而逐步转变为地方法院,这些法院都不是专门法院。

那么在我国的专门法院到底是指哪些法院?这还要追溯至新中国的

法院创建史。新中国成立初期,考虑到铁路、矿山、林区等是国民经济的命脉,且具有跨区域性较强等因素,我国基本照搬苏联的司法模式,除了在中央和地方建立各级人民法院之外,还设立了分属铁路、林业、厂矿、石油等系统的法院。这些法院游离于国家司法系统之外,法官的任命程序未经过国家权力机关,审判权的行使缺乏人民代表大会的有效监督,人员录用、干部任命由部门(企业)自行管理,办案经费、资金投入完全依靠部门(企业)承担。这些分属不同系统的法院构成了我国专门法院最重要的组成部分,在计划经济时代和我国法治建设起步初期发挥了积极的作用。然而,随着我国社会主义市场经济的不断深入和发展,上述这种在特定部门、领域设立的审理特定案件的专门法院,因法企不分、法政不分的部门(企业)管理法院体制的弊端不断凸显,成为制约法院依法独立行使审判权的体制性障碍。在这种背景下,油田法院、林业法院和铁路法院陆续从部门(企业)剥离并纳入国家司法体系,部门(企业)下的专门法院开始褪去色彩。

近些年来,游离在国家司法系统边缘的专门法院受到广泛质疑,在新一轮的司法改革大潮中,一些声音呼吁将专门法院予以撤销或根据情况与地方法院实行合并。[①] 他们认为,现有专门法院的设立,除军事法院外,均未获得宪法上的法律地位,并且部门(企业)管理法院的体制本身就违反了宪法原则,不符合《人民法院组织法》《公务员法》等相关法律规定。也有人提出,专门法院的成立是对一般地域管辖权的挑战,现有专门法院的级别管辖与普通法院并不统一,使司法体系的纵向管理出现混乱。此外,设立专门法院需重新设立配套机构,造成司法资源浪费并增加了诉讼成本;现有普通法院的派出法庭能独立立案、巡回法庭以及法官的专业化水平能够满足专门审判等都成为一些学者反对建立专门法院的理由。

2004年3月,国务院办公厅下发《关于中央企业分离办社会职能试点工作有关问题的通知》(国办发〔2004〕22号),确定将中国石油天然气集

---

① 张文显:《应将林业农垦等法院纳入国家司法体系》,《法制日报》2009年4月21日。

团公司等三家企业所属法院一次性全部分离并按属地原则移交地方管理,其中,辽河油田两级法院成为改制试点法院。2005年,根据《国务院办公厅关于第二批中央企业分离办社会职能工作有关规定的通知》(国办发〔2005〕4号),《国务院办公厅关于解决森林公安及林业检法编制和经费问题的通知》(国办发〔2005〕42号)等文件精神,林业法院亦开始与原属企业或部门分离,统一纳入国家司法管理体系。2007年,辽河油田两级法院以及福建、甘肃、四川等省林业法院(法庭)获得了中央政法专项编制,这标志着上述地区油田法院和林业法院的改制工作完成。2009年,在总结林业、石油系统法院改制经验的基础上,我国开始对铁路运输法院系统进行改革,并于2012年6月完成全面改制。

三、司法改革进程中专门法院的新使命

在计划经济体制下,专门法院依照计划管理部门的职能类型来设置,各级专门人民法院按照本系统管理结构设立和划分管辖范围,其定位是解决其各自职责范围之内的专业化纠纷,体现司法的专门化和专业化。诚然,我国传统的专门法院体制仍存在诸多运行障碍,甚至与现行司法体制相矛盾的地方,但这并非意味着设立专门法院不符合我国司法体制有效运行及发展完善的要求。随着司法改革步伐的不断加速,专门法院的设置逻辑也发生了新的变化,在保障司法专业化实现的同时,还担负着摒除现行管辖权制度弊端、驱动司法体制改革的新使命。

首先,针对一些特殊的诉讼类型而设立专门法院,是新一轮司法改革的方向及要求。"目的是一切法律的创造者。"满足我国社会主义法治建设发展的需要是司法体系改革的根本出发点,而专门法院是否有必要设立,未来需要设立哪些类型的专门法院,判断的首要标准在于是否能满足司法发展的需要。当前,我国已经进入了司法改革深水区,改革的一个重要方面就是要建立与行政区划适当分离的司法管辖制度,破除实现独立审判和公正司法的制度性障碍,其中,设立以事务管辖为标准的专门法院不失为一剂良药。而2014年6月中央全面深化改革领导小组第三次会议审议通过了《关于设立知识产权法院的方案》,习近平总书记为此强调,设立知识产权法院是司法体制改革的基础性、制度性措施之一。从这些改革脚步传递出的信号中不难看出,设立专门法院,不仅是对建立与行政区划适当分离的管辖制度的回应,更是今后司法改革的方向和要求。

其次,设立专门法院有路可循、有例可鉴。一方面,我国于1983年将《人民法院组织法》中专门法院的规定由列举式改为概括式,同时在第29条规定专门人民法院的组织和职权由全国人民代表大会常务委员会另行规定,这在理论上为专门法院的设立及现代化改造提供了一个极为灵活的法律框架,设立专门法院的道路一直是畅通的。另一方面,军事法院、海事法院等专门法院的实践在我国已经取得成功。就军事法院来说,除去其因宪法的明确规定而避免了对其合宪性的质疑,以及因管辖对象和管辖事务的双重特殊性外,我国军事法院系统在设立原则和运行上就是按照专门法院设立的一般标准进行的,其经验完全可以为其他专门法院所借鉴。就海事法院而言,其以海商事纠纷管辖为标准,以河海港口为基础架构,打破我国按照行政区划设立的司法管辖制度,自成立以来在国内外海商事纠纷的审判中成效显著,基本实现了司法专业化、独立化的目标。同时,因法律文本的僵硬滞后与海商事纠纷的复杂多变,导致目前海事法院在管辖、审级等方面与普通法院出现交叉和碰撞,这些问题的存在时刻提醒专门法院的设立不仅应考虑其必要性与作用,也要预计对现有法院体系带来的冲击与变化,从而能够及时调整结构体系,跟进人财物和配套制度规定等。

近些年来,知识产权侵权情况愈演愈烈,社会各界对知识产权保护的重视程度不断加深,设立知识产权专门法院的呼声也越来越高。其实设立知识产权专门法院的讨论由来已久,自20世纪90年代起,学界就有呼吁设立知识产权法院的声音。自2008年6月国务院在《国家知识产权战略纲要》中提出要研究设置统一审理知识产权民事、刑事和行政案件的专门法庭并探索建立知识产权上诉法院之后,知识产权法院建设的探索逐渐开展。在新一轮司法体制改革之时,《关于设立知识产权法院的方案》

的通过使筹备已久的知识产权专门法院呼之欲出。中央全面深化改革领导小组第三次会议审议通过《关于设立知识产权法院的方案》,讨论已久的知识产权法院设立问题尘埃落定。

  从历史上看,知识产权审判专门化的探索已经持续了10多年之久。自从1996年上海市浦东新区人民法院开始由知识产权庭集中审理民事、行政、刑事案件以来,有许多地方法院都开始这方面的有益尝试。如西安市中级人民法院自2006年起开始实行"三审合一"制度,即知识产权民事案件继续由知识产权审判庭审理,但遇到涉及知识产权的刑事、行政案件,要吸收两名知识产权民事审判法官参与,组成五人合议庭进行审理,以确保刑事、行政、民事知识产权案件审判人员取长补短,统一认识,并逐渐过渡到由知识产权审判庭统一审理全部知识产权案件。又如2006年广东省高级人民法院在广州市天河区人民法院、深圳市南山区人民法院、佛山市南海区人民法院进行知识产权刑事、民事、行政"三审合一"审判方式改革试点。在该实施方案中,改革原来的知识产权民事审判庭,成立专门的知识产权审判庭,知识产权刑事、民事、行政案件统一纳深知识产权审判庭审理。合议庭的成员应由具有比较丰富的刑事、民事、行政审判经营的审判人员构成。

  2008年我国国务院发布的《国家知识产权战略纲要》第(45)项中规定,完善知识产权审判体制,优化审判资源配置,简化救济程序。研究设置统一受理知识产权民事、行政和刑事案件的专门知识产权法庭。此后,2009年《最高人民法院关于贯彻实施国家知识产权战略若干问题的意见》第25条规定,积极探索符合知识产权特点的审判组织模式。按照《纲要》要求,研究设置统一受理知识产权民事、行政和刑事案件的专门知识产权审判庭,尽快统一专利和商标等知识产权授权确权案件的审理分工,优化知识产权审判资源配置,实现知识产权司法的统一高效。认真总结近年来一些地方法院开展的由一个审判庭统一受理知识产权民事、行政和刑事案件试点工作,以及采用扩大合议庭组成或知识产权民事法官参与知识产权刑事、行政案件审判的探索工作,深入调查研究,认真解决试点和探索工作中出现的问题,加强统一协调和工作指导,积极稳妥地加以推进。

(1)"三审合一"制度的优缺点

传统的"三审合一"制度虽然也是审判机构的专门化,但是其不够彻底,具有优势,但仍存有弊端。

其优点在于通过"三审合一"改革的推进可以解决行政、民事和刑事案件交叉与衔接问题中最主要的两个方面:第一,知识产权行政、民事和刑事案件的管辖权得到统一。无论是将知识产权行政、民事和刑事案件集中到中级人民法院进行管辖,还是像上海高院2009年开始试行的集中划片管辖,都会将知识产权行政、民事和刑事案件的级别管辖统一起来,也有利于与同级的行政执法部门、公安、检察部门的衔接和沟通、理顺层级关系。第二,知识产权行政、民事和刑事案件由专门的知识产权审判庭审理,是从审判组织上的积极措施。这在目前解决行政、民事和刑事交叉案件中存在的问题具有很重要的意义。即使目前民事诉讼、刑事诉讼、行政诉讼的法律制度中存在较大的差异,衔接上存在不少问题,但是作为统一审判组织的法官具有充分的主观能动性,全面运用知识产权民事审判、刑事审判和行政审判的法律知识和经验,确保提供的法律救济的执法尺度的统一,避免出现不同的审判庭对同一法律关系和相同案件情况在认定事实和适用法律上存在不同认识,形成统一、立体、全面的知识产权司法保护机制。同时,从知识产权案件诉讼效益的角度而言,也是高效益的审判模式,知识产权庭审理这类案件更容易抓住案件的重点和难点,通过其专业知识,查明事实,准确适用法律,从而节约诉讼成本,提高审判效率。

更确切地说,"三审合一"审判模式改革推进最直接的表现就是民事、行政和刑事知识产权案件管辖的调整。第一是管辖权统一和集中的趋势。"三审合一"审判模式改革的推进,协调了原先在知识产权案件中涉及刑民交叉中法院审级和审判组织中的矛盾的情况,确保对同一案件刑事审判和民事审判的统一性,避免出现同一案件民事、刑事案件受理法院上的差异。第二是管辖权下移的趋势。以上海为例,自从 2009 年在基层法院全面实施"三审合一"审判模式和跨区划片集中管辖后,在案件受理的数量方面形成了"金字塔"的合理布局,按照集中划片调整管辖以后,除了专利权、植物新品种、集成电路布图设计等初审案件仍然由中级法院行使管辖权以外,涉及著作权、商标权等大量知识产权纠纷案件由四家基层法院按照所划行政区域进行管辖,较大数量案件的管辖权由四家基层法院行使。第三是管辖权仍不均衡的情况。虽然集中划片管辖确定了四家基层法院管辖标准,但是实践中,由于所划行政区域经济、科技发展的不同水平,受理案件的数量和类型方面也存在着差异和不平衡的地方。

但是,"三审合一"在司法改革的大背景下存有难以克服的天然瓶颈。

第一,"三审合一"的改革模式缺乏统一性。自从上海浦东新区人民法院开始知识产权"三审合一"立体审判保护模式的有益探索之后,全国各地法院中有不少法院开展了各自的实践,由于具体做法上的差异,也出现了"浦东模式""西安模式"等不同的提法,不同的模式之间主要是涉及审判组织的确定以及刑事、民事、行政案件管辖的协调和衔接方案选择的差异,这些差异的存在会给"三审合一"审判模式的改革带来瓶颈,最高人民法院在总结各地开展"三审合一"的经验的基础上,研究出台规范性的指导意见,统一"三审合一"中的具体做法和要求。笔者认为,统一"三审合一"的标准而言,至少要重点考虑审判组织和案件的管辖两个重要的方面。从审判组织而言,笔者认为需要增强"三审合一"知识产权审判组织的人员结构,除了原有的知识产权民事审判的骨干审判人员之外,应当择优充实刑事审判和行政审判的人员。从知识产权审判组织相对固定化、专业化的要求出发,满足知识产权各类案件审判的高要求。而统一管辖标准,也使得案件的受理和当事人提起诉讼更加方便易行。

第二,"三审合一"的审判模式仍停留在普通法院的内部。目前,"三审合一"审判模式虽然在全国的范围内推进,但是还是主要在各级法院内部进行,其审判组织主要涉及的是知识产权审判庭全体人员和刑庭、行政庭的部分人员。因此,"三审合一"审判模式中所确定的审判组织和人员的独立性是相对的,并不像海事法院或者铁路法院等专门法院的审判组织和人员一样直接区别于各级普通法院的审判组织和人员。在这种情况下,由于普通法院内部本身人员流动和安排,导致知识产权庭的审判人员变动的可能性也较大。在"三审合一"的一些模式中,刑庭和行政庭的审判人员的加入本身存在临时性的特点,就更加难以保证执行"三审合一"审判任务的审判组织和人员的相对固定和稳定。

第三,对于专业性强的知识产权案件资源配置尚不合理。由于目前"三审合一"审判模式改革,在各地各级法院分头进行,虽然从知识产权民事、刑事、行政案件审理而言已经相对集中,有利于各级法院内部审判力量和专业人员的整合和合理配置。但是从全国的范围来看,相对于我国专利权、商标权等行政复审机构高度集中的情况而言,有权管辖知识产权纠纷案件的各级法院分散的面还是很广。特别是专业技术性较强的专利案件等,涉及权利有效性审查往往需要专利复审委员会进行审查确认。而在知识产权审判机关相对行政机关比较分散的情况下,司法和行政机关之间知识产权专业审判资源的交流和利用就受到很大的约束,也并不能完全解决知识产权行政保护和司法保护双轨制之间可能存在的冲突。

2008年出台的《国家知识产权战略纲要》第(45)条规定,"完善知识产权审判体制,优化审判资源配置,简化救济程序。研究设置统一受理知识产权民事、行政和刑事案件的专门知识产权法庭。研究适当集中专利等技术性较强案件的审理管辖权问题,探索建立知识产权上诉法院。进一步健全知识产权审判机构,充实知识产权司法队伍,提高审判和执行能力。"从该条规定的内容上来看,不仅首先强调了设置统一受理知识产权民事、行政和刑事案件的知识产权法庭,在很大程度上也就是近年来我国各地各级法院积极探索和推进的知识产权案件"三审合一"审判模式的改革的内容,而且在此基础上更进一步提出了设立我国知识产权专门法院的战略要求,而且着重体现在两个方面,包括主要适用于技术性较强的专利等案件的审理管辖权和知识产权上诉法院的上诉审级。可以说,为我国知识产权审判模式从"三审合一"向知识产权专门法院的递进发展明确了方向。

2015年,我国知识产权领域发生的最具影响力的事件当属知识产权专门法院的设立。最高人民法院于2015年2月26日发布了《最高人民法院关于全面深化人民法院改革的意见》,并将之作为《人民法院第四个五年改革纲要(2014—2018)》贯彻实施。该意见指出,深化人民法院改革的任务之一就是"推动设立知识产权法院,根据知识产权案件的特点和审判需要,建立和完善符合知识产权案件审判规律的专门程序、管辖制度和审理规则"。我国自改革开放以来,制定、修改知识产权有关法律法规,不断提高知识产权保护水平,建设知识产权门法庭,开展"三审合一"审理模式探索,再到如今在北京、上海、广州设立专门的知识产权法院,我国加强知识产权司法保护力度与所处的国际、国内形势密切相关,也顺应了司法改革的要求,开法院体制改革之先河。我国知识产权专门法院的设立过程中,在以下几个方面践行了司法体制改革的要求。

(1)司法人员分类管理。知识产权法院人员实行分类管理,分为法官、司法辅助人员、司法行政人员。知识产权法院设有四类司法辅助人员:法官助理、技术调查官、书记员和司法警察。知识产权法院中取消了普通法院中助理审判员一职,而是采取了法官助理职位。法官助理的主要工作有:在庭前准备法律资料、组织双方进行证据交换和初步的举证质证、明确双方争议焦点,并在法官的授权下进行庭前调解;其有权参与庭审,并有提请审判长发问的辅助调查权;有权辅助法官起草判决、裁决等法律文书。而技术调查官是知识产权法院中特有的司法辅助人员,其工作任务主要是针对专业技术问题,基于法官技术方面的支持,提供专业意见。

(2)知识产权法官遴选制度。根据《框架意见》,遴选法官、检察官应当注重专业能力,设立具有广泛代表性的遴选委员会,从专业角度提出法官、检察官人选。在法官遴选制度改革的指导下,充分考虑知识产权审判的专业性要求,2014年10月28日,最高人民法院印发了《知识产权法院法官选任工作指导意见(试行)》,规定知识产权法院的审判员在符合

《中华人民共和国法官法》规定的资格条件的基础之上，还应具备以下条件："具有四级高级法官任职资格；具有6年以上相关审判工作经验；具有普通高等院校法律专业本科或以上学历；具有较强的主持庭审及撰写裁判文书能力"，可见，相比普通法院的法官，对知识产权专门法院的审判员提出了更高、更严、更具体的要求。

新设立的北京知识产权法院中的18位主审法官均由北京市法官遴选委员会从过去北京市三个中级人民法院的71名知识产权法官中考核选拔产生，该遴选委员会也是我国全国法院系统内第一个法官遴选委员会。广州知识产权法院法官遴选委员会共有25名委员，其中法官16名、法学教授3名、律师3名和知识产权专家3名。知识产权专门法院的法官遴选工作为日后我国各级法院中开展法官遴选积累了有益的经验。

(3)法官员额制度。与普通法院相比，知识产权专门法院的法官人数大大减少，北京知识产权法院现有主审法官18名，上海知识产权法院现有主审法官10名，广州知识产权法院现有主审法官10名，各审判庭不再设立副庭长，取消了助理审判员层级，从而突出主审法官和合议庭在审判中的主体地位，强调主审法官负责制，为法官依法独立行使审判权营造了良好的制度氛围。

(4)顺应司法改革潮流的独特管辖制度。我国最高人民法院于2014年10月31日公布的《关于北京、上海、广州知识产权法院案件管辖的规定》，明确了知识产权法院的管辖权。

在属地管辖上，北京、上海、广州知识产权法院管辖所在市的第一审案件，主要包括三类：一是专利、植物新品种、集成电路布图设计、技术秘密、计算机软件等技术类民事和行政案件，二是对国务院部门或者县级以上地方人民政府所做的涉及著作权、商标、不正当竞争等行政行为提起诉讼的行政案件，三是涉及驰名商标认定的民事案件。

在跨地域管辖上，广州知识产权法院将管辖广东全省的第一审专利、植物新品种、集成电路布图设计、技术秘密、计算机软件等技术类民事和行政案件，以及涉及驰名商标认定的民事案件。广东省在知识产权拥有量、纠纷数量上处于全国领先地位,广州市作为省会中心城市,设立知识产权法院并对全省的技术类民事和行政案件、驰名商标民事案件跨行政区划管辖,符合珠三角地区经济发展客观需求,同时,在广州知识产权法院先行探索跨区域管辖,对于日后知识产权法院跨区划管辖的改革具有积极的实践意义。

在专属管辖上,《最高人民法院关于北京、上海、广州知识产权法院案件管辖的规定》第5条规定:以下一审案件由北京知识产权法院专属管辖:(1)不服国务院部门做出的有关专利、商标、植物新品种、集成电路布图设计等知识产权的授权确权裁定或者决定的;(2)不服国务院部门做出的有关专利、植物新品种、集成电路布图设计的强制许可决定以及强制许可使用费或者报酬的裁决的;(3)不服国务院部门做出的涉及知识产权授权确权的其他行政行为的。有学者指出,我国知识产权法院的探索,是在专业化程度较高、人员素质较高的领域试水,为全面的司法体制改革探路。① 知识产权法院作为新生事物,可以在一个较高的平台上探索司法体制改革的新举措,既可能在具体的司法机制和诉讼制度上取得突破,也可能在宏观的司法体制方面积累经验,并推广到整个司法领域,从而带动整体的司法体制改革。从这个意义上讲,知识产权专门法院可谓是司法体制改革的试验田和先行者。

---

① 袁秀挺:《保证公正司法是设立知识产权法院的根本目标》,《中国知识产权报》2014年12月3日刊。

第四章 启示与建议:构建立体、渐进的管辖权驱动模式

　　体制的建构是一项巨大工程,从理论预设到逻辑思路,从基本范畴到模式方法,无一不需要一步步地体系化和精致化。当前,在不断推进司法改革进程的同时,针对司法改革的目标、意义、原则、程序甚至司法改革的合法性等诸多热点问题,法律实务界、学界乃至关注司改议题的社会民众纷纷置喙其中,为中国的司法改革事业建言献策。这其中自然少不了对司法改革驱动模式这一基本问题的探求。从根本上说,司法改革的实质就是调整国家权力体系,而司法管辖权恰恰是司法体制权力根系,从管辖权角度纵观整个司法体制改革,自当别有一番风景。与此同时,在民间话语系统中,时常会出现如下两个相互因应的背景话题:一方面,中国的司法改革是建设具有中国特色社会主义国家的重要部署,因此,改革的各项措施都应充分考虑本土化和司法传统;另一方面,这一改革又在法律全球化、西方法律对中国法制产生猛烈冲击的今天展开,故而又不可对现代西方司法置若罔闻。在探索本国制度构建的过程中,对他国的相关制度经验进行研究,必然有助于对本国制度中存在的问题及其改进方向形成更为通透的认识。正如K·茨威格特和H·克茨在《比较法总论》中认为的

第四章 启示与建议：构建立体、渐进的管辖权驱动模式

那样，"只有超越本国现实法律规范之上的研究才能够称为科学"。①

如前所述，管辖权在产生之初，其体现的是一种双方关系——纠纷当事人与国家之间的关系。从罗马法中"管辖权"的起源，到中世纪末期人们关于现代政治国家的制度假设，管辖权在历史发展中体现为一种"当事人同意自己的纠纷交由某一权威组织裁决"的权利让渡过程。其后，随着现代国家制度的确立以及主权理念的内在化，管辖权逐渐被"程式化"，成为国家主权的重要内容。在确定具体的管辖权规则时，一国往往从制度规范层面制定上至下的管辖依据，如属地主义管辖、属人主义管辖、保护性管辖等。可见，与现代法律制度"从身份到契约"的发展方向颇不一样，管辖权制度经历着从"从契约到身份"的演变，即，从一种"法律关系"演变为一种自上而下的"法律规则"，甚至扩及"法律适用"问题。伴随着法律制度本身的发展，这种演变也体现在法哲学门派的交替之中。以奥斯丁为代表的"法律命令说"，使得法律制度体现为一种从上而下的"命令"，管辖权制度亦是如此。在法律命令说中，法律即是主权者的命令，而管辖权则体现了国家对于管辖资源的分配指令。

中共十八届三中全会以全面深化改革为主题，对司法体制改革的部署主要涵盖确保依法独立公正行使审判权检察权、健全司法权力运行机制和完善人权司法保障制度三个方面，但对改革措施的表述较为笼统。十八届四中全会是执政党历史上首次以"法治"为主题的中央全会，审议通过的《中共中央关于全面推进依法治国若干重大问题的决定》（以下简称《决定》）延续十八届三中全会关于全面深化改革的部署，对全面推进依法治国布置了100多项改革举措，涉及司法体制改革的举措有近30项，这也是执政党历史上关于司法体制改革决策层最高、涉及面最广的部署，为我国的民商事案件管辖格局调整创造了良好契机。当前，跨区法院、巡回法庭、专门法院及其试点的探索设立已取得阶段性成果。这不仅明确

---

① ［德］K·茨威格特、H·克茨著，潘汉典等译：《比较法总论》，法律出版社2003年版，第6页。

了未来管辖权制度探索和改革推进的方向,亦为新的民商事案件管辖格局奠定了初步基础。

事实上,不管是行政辖区与司法辖区相分离的管辖权举措,还是专门法院的设置,都能够从西方法治发达国家的治国经验中窥知一二。除了这些宏观架构的管辖权调整之外,微观层面的管辖权具体依据,同样是我们应当关注的问题。因为不管宏观架构搭建得多么完美,最终还是要依靠人作为主体,发挥主观能动性将之付诸实践,真正实现制度调整的目标。对于长期浸润于成文法传统下的中国法官来说,正是通过每一次的法律适用活动,实现每一个个案的公平正义,并且在日积月累中聚沙成塔,跬步千里。因此,在管辖权驱动司法改革模式的构建过程中,我们必然要着眼于微观层面,通过理论探索和论证,完善新型诉讼关系的管辖权规则,尤其是民商事案件中的复杂诉讼和疑难诉讼的管辖权依据问题,让法官在具体案件的裁判时有法可依,有经验模板可循,以构建立体、渐进的管辖权驱动模式。

第一节 宏观层面:域外经验与我国制度格局展望

一、"两区分离"的域外实践

纵观世界法治发达国家的司法管辖格局,无论是英美法系国家,还是大陆法系国家,都将"两区分离"作为保障司法权的独立公正行使的一道制度屏障。以下对美、英、德、法四国的相关实践逐一进行论述。

1.美国。与其联邦制国体相对应,美国实行联邦法院和州法院并行的"双轨司法系统"。美国联邦法院体系再划分成联邦地区法院、联邦上诉法院、联邦最高法院和专门法院。联邦地区法院作为美国联邦的初审法院,不服该院判决的案件再提请联邦上诉法院审理。目前,美国94个司法管辖区中对应地分别设立了联邦地区法院。这些司法管辖区还进一步被划分成12个巡回区,每一个区内再设立一所联邦巡回上诉院,除哥伦比亚特区的上诉法院不以数字命名外,其他11个巡回法院都是。另外,在哥伦比亚特区还设置了一所特别的联邦巡回区上诉院,受理特定的判决案件不服的上诉案,对美国各地区都有管辖权。也就是说,在美国94个联邦地区法院和13个联邦上诉院中,每一个州都有至少一所联邦地区法院与之对应,甚至部分州被划分成更多的司法管辖区,也增设了相应的联邦地区法院。就如以东、南、西、北四个方位划分而成的德克萨斯州,这四个区对应地设立了一所联邦地区法院。而位于加利福尼亚州的联邦第九巡回上诉法院,其管辖范围不仅涵盖了加利福尼亚州、华盛顿州等九个州,还对两个联邦属地法院有管辖权。可见,从美国联邦地区法院的设置分布状况看,我们得出以下结论:美国州的人口密集大小一般决定了联邦地区法院设立的多少。

美国州法院体系可分为州基层法院、州上诉法院和州最高法院三级。其中,州基层法院专门负责审理本辖区内一般的民事和刑事案件,州上诉院则对不服州基层法院一审判决的上诉案件负责,但是针对特殊案件,个别的上诉院仍然具有初审权。州最高院受理不服前两个法院判决的民事刑事案件,只对案件所适用的法律进行审理,对事实一概不予理会,且为最终判决。由于各州法院在名称、组织机构上都有较大的差异,在此不一一赘述,仅以伊利诺伊州为例:该州有22个司法管辖区,除了3个支县都分别设有1个司法管辖区外,其余的都是跨县设立的。以这个为基础再次划分成5个司法上诉管辖区。

综上所述,美国法院组织中,特别是联邦法院,其司法管辖区的设置并未被行政区域所牵制,是独立于行政区域的,且司法管辖区的管辖范围和数量都没有对应行政区域。在法院法官的任免制度上则由总统统一提名任命,具备法院法官职业化。在财政上有统一的机构部门管理分配,与行政区完全分离。跨州和跨国的民事案件由联邦法院管辖,州法院一般只管辖本州内事项。

2.英国的三级独立制度。英国的法院组织在资本主义国家中是相对复杂的,到19世纪才初步建立了统一的法院体系。而如今英国实行的法院组织体系是从英国的法院法中制订出来的,共分三个审级。其中,基层法院由郡法院及治安法院组成,再高一级是由高等法院、刑事法院和上诉法院组成,最高审级则只存在上议院。而郡法院的名称命名与郡的地理问题无任何瓜葛,而是依据交通便利所形成的司法管辖区。① 法院的组织管理结构与地方政府没有任何对应性;治安法院则是依据行政区来划分再通过英国内政部加以设置,目前英国各个郡还被划分成了 900 个左右的司法管辖区,每个司法管辖区设立了与之对应的一所治安法院。在法官的选任方面,各级法官采用委任的形式而并不按选举产生。其中,除了首席大法官、常设上诉议员以及上诉法院的法官们是由首相提名外,其余的法官们都由首席法官提名,英王行使任命权后就职。也就是说,法官的产生均与地方无牵扯,完全受制于中央政府,具有统一性。在财政方面,英国法院的经费问题由中央政府成立的部门统一负责,即宪政事务部。英国与其他国家不一样的地方在于他们未设立司法部,而是设立宪政事务部并由其替代司法部的职责。

所以,英国的法院组织是独立于地方政府的,主要是依据法官办案的需求设置的,而不是以行政区域为依托。特别是郡法院与治安法院的设立充分表现出司法管辖区与行政区相分离,两者之间没有关联。在法官任职方面,英王统一任命。在经费方面,则由中央政府专门管理。

3.德国的两级独立制度。由于德国实行的是联邦制,整个国家的司法管理体制也分为联邦和州两级,为了保证联邦和自治地区的司法能够得到有效管理,德国制定了相当复杂的法院系统。即联邦和各州都有其各自的立法、行政、司法机构,同时根据相关法律规定履行其职权。德国依法设立了六种法院,分别是宪法法院、普通法院、行政法院、劳工法院、财税法院、社会福利法院。此外还有纪律法院。它们各自有相应的司法管辖区。宪法法院由联邦和州组成,互不相干,独自管理。德国已设立的

---

① 李昌道、董茂云:《比较司法制度》,上海人民出版社 2004 年版,第 8 页。

宪法法院分布比例就达到八分之七。① 宪法法院统一管辖违宪案件,联邦宪法法院具有最高的司法权力,不从属于任何权力机关,具有广泛的职权;州宪法法院则受理违反州宪法的案件,分工负责,实行一审终审制。除此之外,其余的普通法院、行政法院等五类法院并不按地域划分其管辖范围,而是按照案件类别设置而成,彼此之间有协调互助关系。在审理案件过程中,除了财政法院实行二级二审制,其余的法院都实行三审终审制。另外,德国还有纪律法院,是专门为官员、法官、士兵、律师等职业而设置的,主审以上人员触犯纪律问题的案件。

在德国,法官只有当法院职位有空缺的情况下才会开始选任或晋升。法官的任职先由联邦议院和参议院按照候选人名单从中选举,再由联邦总统任命,与地方无任何关系。法官的晋升是在司法公报上登有空缺职位情况下,由低级别的法官主动申请,待审委会决定通过后录用。法院的经费问题是由联邦和各州法院提出后分别报联邦和州司法部统一审核批准,最后由联邦政府和州政府执行。

从德国的法院组织设置看,其司法管辖区与行政区域也是相分离的,两者之间没有关联。法官的任免方面,统一由联邦总统任命。在财政方面,也均统一由司法部管理。

4.法国的行政区划分离制度。法国根据《人权宣言》建立了议会、政府、法院三个政体,分别享有立法权、行政权、司法权。其法院组织设置由普通法院和行政法院两大体系构成。法国普通法院体系是由基层法院、中院和最高院三级组成的。其主要审理一般的民事案件和刑事案件。民事法院的基层法院除涵盖初审法庭和大审法庭,还包括商务法庭、劳资仲裁法庭等。刑事法院则仅含有违警法庭和轻罪法庭;中级法院包含了上诉院、重罪法院以及国家安全法院。除此之外,普通法院中还设有专门处理一些备受关注的社会问题的法庭,如少年法庭、商业法庭等。而该体系

---

① 宋冰:《美国与德国的司法制度及司法程序》,中国政法大学出版社1998年版,第123页。

中变革最大的就属大审法院,它是法国最重要的民、刑初审法院。从1958年法国制定的司法管辖区与行政管辖区相分离的司法改革后,每个省设立一所大审法院,但有的省份人口数量较大而增设了一个以上的大审法院,比如加来海峡省、诺尔省等,法院的管辖范围不再与行政区划统一。相关资料还显示,法国现共有大审法院近181所,数量巨大,接近省份数的两倍左右。也就是说,大审法院目前的管辖范围与行政区已经分离。此外,中级法院中的上诉法院,目前在法国共有35所,平均分布在各个地区,并不按照省或者大区设立,即上诉法院也非依行政区划设立而成。更重要的是,在2007年,法国为了合理分配人力物力资源、提高司法效率,在不影响行政区划的情况下,对法院的分布情况进行了进一步的改革,效果显著。

另外,法国的法官任免均由总统和司法部部长任命,而在法院经费问题上,法国是统一交给司法部进行预算后,在议会审核批准后由国家财政支出分配给全国各个法院。跟美国、英国、德国这三个国家一样,都是通过专门部门提出,再由议会通过执行。

总之,不论是普通法院和行政法院的建立,或者是各个法院之间的关系都体现了法国的司法管辖区与行政区相分离的关系。在人事财政问题上,均由统一的部门管理。

二、专门法院的域外实践

民事专门审判机构既是法律现代化的重要工具,也是法律现代化的必然产物。为满足审判资源需求,不仅大陆法系有体系化的专业法院审判行政、商事等专门案件,英美法系也同样造就了多种多样的专门法院。与普通法院相比,专门法院对于行政、商事、家事、经济等现代诉讼有很多优势。尤其是随着经济的发展,人们对于时间和效率有了更高的追求,因此,对于纠纷的解决也要求方便快捷。行政法院最早出现在大陆法系的法国,在欧洲大陆的议会制学说中,法院没有权力审查政府的行为。根据权力分立原则,司法机关无权审查行政机关的行为,而行政机关的行为又必须进行有效的监督和审查,对于这种情况,参政院就在各地设置分支机构以解决对政府部分的控诉,后来逐渐发展成独立的行政法部门。发展到今天,法国参政院不仅拥有一批素质很高的法官,而且对于行政行为的审查做出了重要的贡献。它不仅可以审查政府的行政行为的事后申诉,也可以对行政立法以及行政立法建议活动进行事先审查,对普通行政部门进行了有效的制约。行政法院与普通法院的最重要区别也在于对行政行为的事先审查。在德国,行政法院是独立的自成体系的司法部分而不是行政系统的一部分宪法法院出现在20世纪的大陆国家,它是负责对地方议会和国家议会法律的合宪性的审查。宪法法院发展到今天以德国的宪法法院最为典型,它在审查议会合宪性方面堪比美国的最高法院。在欧洲,因为普通司法机关没有权力审查议会法律的合宪性,因此设立了宪法法院,宪法法院名义上受议会监督。而在北美国家,由于有陪审制的存在和普通法院的普遍管辖权,因而并没有设立专门的行政法院和宪法法院。

商业法院(法庭)是随着法律现代化的发展而产生的。欧洲大陆在10世纪之前是由封建庄园法庭统治的,使用的也都是封建的法律,"传统的法律,程序拘泥而狭隘,仍使用神判法、司法决斗,其法官是从农村居民中选拔出来的,这种法律只是一些逐渐形成的惯例,其作用是处理以耕种土地或以土地所有权为生的人们的关系,不能适应以工商业为生计的人们"。由于商人大多是跨境进行交易或者是有其商业范围内的独特交易习惯,因此商人们愿意有自己独立的审判机构,做出符合商业习惯的、高效率的判决,以尽量减少商业成本。这样,以农民为主的封建法庭根本不能满足商人的需求。随着交易的不断专业化发展和商业的大规模发展。越来越多的国家认识到建立商业专门审判机构的必要性,商业法院(法庭)应运而生。除了这些专门审判机构以外各个国家也都根据自己的实际情况下建立了符合自己国情的专业审判机构。例如,英国的青少年法院,由治安法官在此处理青少年犯罪的案件,保护青少年的隐私以有利于青少年更好地改过自新和身心健康。而澳大利亚和日本的家庭法院发展到今日也有了完善的机构体系,为更好地处理家庭案件提供良好的平台。有些国家也建立了环境法院和劳动法院等一系列专业法院,都为解决一国具体的纠纷做出了巨大的贡献。

专门审判机构的出现不是偶然的,任何事物的出现都有其出现的原因,专业审判机构也是如此,法学界对于专业审判机构的出现大致归因于以下几个方面:首先,避开不合适的普通法院。有的专业法院的出现仅仅是因为普通的法院不适合其专业案件的需要。例如,随着经济的发展,商业阶层的形成,封建法院的专制、缓慢、落后,已经无法满足商人对于效率、理性和可预测性的追求,商业阶层迫切希望改变现有的法院体制以满足自己的需要,但是新兴的商人阶层当时的力量还不够强大,不能完全对抗整个封建力量,也不足于推翻整个封建法院体制,因此只好退而求其次,在封建法院大的体制下建立自己的商业法院,这也是最早的专业法院出现的原因。

其次,特殊的政治结构假设。虽然近代的法律基本都规定了对行政行为进行审查,但是,大陆法系的法官却没有权力对国王的行为进行审查,尤其是法国,封建贵族一直掌握着法院,他们根本不可能对国王的行为拥有审查权。同样,大陆法系行政机关强大的地位和一直以来严格的分权原则,使得拿破仑在创建法典时,没有创设行政法院,但是,形成了新的司法审查部门,即以参政员为基础,创立独立的行政法院,这也成为大陆法系的传统。

欧洲在分权问题上僵硬的观点,对大多数民法法系国家法院制度的结构产生了持久的影响。立法至上的原则以及在法国对司法部门的不信任,似乎排除了对行政行为的合法性进行司法审查,以及由普通法院对政府机关间纷争进行裁判的可能性。然而,为解决这些问题,某些体制性的机制显然是需要的。在法国,这正是作为政府行政的中心机构的参政院的职能之一。许多国家,如奥地利和联邦德国,这类争端由作为另一套司法机构的行政法院加以解决。

又次,减轻最高法院和普通法院的负担。有的专业法院是为了减轻最高法院的负担而设立的,专业法院审理的案件有时是原本应由最高法院作为初审法院的案件,但是最高法院由于要审理大量来自全国各地的上诉案件,因此没有足够的人力资源去审理这些作为初审的案件,但是普通的地方法院又没有资格去审理这些案件,于是法学家们为解决这种情况,认为应当也是可以设立专门法院去审理这些案件。这样既可以帮助最高院减轻负担,又不会造成司法体制的混乱,在一定程度上还为司法改革节省了成本。例如,澳大利亚的工业关系法院就是这样设立的。

由于专门法院在高度"政治性"或"专业性"内容方面更具有优势,加上专门法院适用法律更为灵活,政府可以任命专业法官,专门法院也可以有自己的审判程序,甚至可以有自己的判决方式,在诉讼代理方面也可以突破普通法院的模式,追求更高的效率和更高的便捷性,因而,专业法院更受一些需要特殊解决案件的当事人的青睐,这也是专业法院出现的重要原因之一。

最后,满足特殊案件的特殊要求。有些专门法院的出现是为了满足特殊的需要,例如,有的案件要求效率高,保密性强,有的案件要求审慎和公开,这样,不同要求的案件需要不同的审理程序,对法官的要求也不同。因此,在普通法院一样的审理程序、一样的法官素质下,越来越不能满足这些特殊案件的要求。这时,专门法院便应运而生。这些专门法院拥有更特殊的条件可以更好地为特殊案件服务。例如,商业法院的法官通常是仲裁员,陪审员通常也是商人,因为他们审理商业案件熟悉商业规则和商业习惯,能够更好地为商业案件提供服务,提高商业案件的审理效率,节约诉讼成本,受到商人的青睐。法国商业法院的法官就是来自商人,有的是普通的商人,有的是股份公司的股东甚至是董事长,也有来自有限公司的监事甚至员工。再如,英国的青少年法院由更理解青少年的家庭委员会里的专家担任,澳大利亚要求家庭法院法官应当"由于训练、经历和人格的原因,适于处理家庭案件"。这些要求都让专业法院比普通法院更能适应特殊案件的特殊性,专业法院的发展也就更加迅猛。

为什么专门法院要有自己的法官要求和程序要求,因为这些法院在成立的时候就是为了特殊的案件范围和特殊的人群和特殊的目的。商业法院要注重商业案件的保密性、效率性和成本性的要求,对于商人来说,特别是有着长期交易关系的合作伙伴来说,一般的案件程序既不利于有效地解决案件,也不利于交易的长期发展,所以他们宁愿派出代表来谈判也不愿来专职的法院解决。所以商业法院就必须要克服普通法院的弊端,建立能够满足其需要的程序吸收专业法官和审理案件。青少年法院的目的是保护未成年人心灵的可塑性,以有利于青少年以后的健康成长,所以需要了解青少年心理的福利官和咨询员的参与,这都与普通法院的要求不同。

因此,法院的专门化是社会发展的必然产物,不管一国的社会是何种制度,属于哪一法律体系,经济发展水平如何,专门法院的出现都只是时间问题,实践也证明了在现代法治社会下,大部分国家都出现了专门审判机构,因为社会的现代化对法律也提出了特殊的要求,传统法院不能适应新的需求,而一般国家没有足够的财力、人力去改革整个司法系统,而且改革也不是一蹴即成的,有的适应社会需要的部分完全可以保留,因此,专门法院是现代化下的必然结果。总之,司法的专门化可以有多种的类型。正式的有终审权的专门化法院,可以培育高质量的法律专家,提高审判的效率和质量。而非正式专门法院,对特殊的案件进行特殊的要求,则可以提高司法设施和司法辅助人员的工作效率。以地方为单位的专门化,可以提高司法机关的责任感和办案的灵活度。以中央为主的专门化,可以有利于整个国家的法制统一。司法的专门化不一定局限于一种方式,在现实多样化的情形下,实行统一模式也是不可能的,一国应当根据自己的实际国情建立适合自己的专门审判模式和专门审判类型。

三、借鉴与启示:我国民商事案件管辖权格局展望

1. 跨行政区划法院的探索建立。首先,"探索"应理解为:第一,此项改革尚处在"探索"阶段,改革的目标在官方看来,是为了调节整个国家司法资源的平衡,实现资源均等化、集约化和更大程度的司法公正。而在民

间话语系统中,学者们多将这一改革作为司法去地方化、去行政化的举措,视为建立中国审判独立与司法巡回制度的重要步骤。第二,司法区划改革是一项长期的战略工作,不可能一蹴而就,因此,当前我国司法管辖制度改革先在各省内进行试点,待试点成功、时机成熟之后,再将经验推广,进行全方位的改革。

其次,改革的关键在于"分离",分离的直接目的是和行政划清界限,根本目的是实现司法权的独立地位,实现司法公正。这就要求建立跨县、跨市的司法管辖区,这一设置基本会打破现有的格局,使司法权从其他权力中分离、独立出来。此项改革在理论上是受到国外司法巡回制度的启发,在实践上则可以模仿国内之前进行的金融区划改革。这亦为进一步深化"治理体系和治理能力现代化"直接相关的其他制度改革打下基础。

再次,对"适当"应做全面理解。第一,现代治理权力包括很多方面,而司法权只是其中的一个方面,所以司法区划改革既要实现其自主性,又必须受到一定的限制,只有"分离"是不够的,还应体现"适当"。它不像金融区划改革,两区也不可能完全分离,而是必须受民主责任制制约,在其框架内进行。第二,司法管辖区范围的确定要以"人、财、物"体制为基础。在制定分离方案时,必须考虑法官的任免机构、司法经费的供给机构、以及对司法人员的管理机构等。第三,在目前的情况下,之所以坚持不完全分离是因为:一是我国范围大,行政区比较多,不容易做到完全分离;二是暂时不需要做到完全分离。司法地方化问题主要是存在于基层法院和中级法院,因此,所谓适度分离就是把省级以下司法区与行政区分离。

现阶段,我国跨行政区划法院设立的重要使命在于,积极探索建立符合司法规律和审判工作特点的新的审判管理体制和审判权力运行机制,实现审判体制和审判能力的现代化,为全国的司法体制改革提供可复制、可推广的制度经验。因此,未来在该项举措的推进过程中,建立一个可行性的司法管辖区制度,司法管辖区设置不应再以有关行政的因素为参照依据,而应当以司法自身条件和需求为中心开展,从而让法院更好地履行职责,合理利用分配法院资源,实现司法公正高效权威的价值取向。可具体从以下几个方面考虑:(1)人口数量分布状况。人口密集度在很大部分上制约着我国各地的司法需求。在没有其他因素干扰的情形下,人多需求就大,两者是呈正比的,反之亦然。例如,东部沿海地区的人口数量相比西部地区而言较多,以致东部的司法需求量偏大。可见,人口数量及其分布状况是司法管辖区设置的一项重要指标。(2)区域面积问题。区域面积的大小也是影响我国地区对司法需求的一大诱因。区域面积与人口分布之间通常互相联系,两者共同影响着司法的需求状况。而司法改革同样关注着同级司法管辖区面积大小不均等的情况,但考虑当事人的诉讼便捷程度,仍然尽量避免司法管辖区面积差距过大的现象,以防因面积过大使造成事人为了维护自身权利而带来额外的负担,更为了确保人们能够快速、便利地接受司法服务。此外,以司法需求为依据来划分司法管辖区时还需保持同级法院之间的案件受理均等关系,因为司法区域较大,带来的司法成本就会相对较多,所以,司法管辖区的面积在同级之间差距不应过大,且必须依据当地的实际情况来设置。(3)案件多寡。经济状况不仅在许多科学技术问题上占据着决定性作用,在我国司法管辖区设置问题上同样有着很大的影响作用。这里的经济因素涵盖很多层意思,包括地区的经济指数、各种行业等,都决定着司法需求情况。毋庸置疑,地区的经济越发达,其引起法律纠纷的机率越高,导致司法需求量越大。例如,上海的经济水平较为活跃,在其基层法院中的民事纠纷就非常多,那么,这样的地区所构建的司法管辖区就应当比普通的司法管辖区小一些。因为将经济联系密切的地区划归于同一个司法管辖区之中,可以降低诉讼费用、节约司法资源。(4)交通通信情况。交通通信情况的优劣程度同样决定着司法管辖区的设置,法院的具体位置也要考虑边远地区当事人的便利,所以,交通通信状况不好的司法管辖区不应设置过大。(5)权利的保障。平等权利和诉讼权利的保障是为了让每个人都得到公平的司法救济权利,因此,这样的权利保障不得不成为司法管辖区设置的考虑因素之一。另外,司法管辖区的设置也应避免使寻求司法救济的当事人比其他人承担更多的成本,否则,当事人就不愿意通过司法途径来维护自身权

第四章 启示与建议:构建立体、渐进的管辖权驱动模式

利。合理地分配司法资源,能够让人们的权利得到实质性的保障。此外,在划分地方司法管辖区的过程中,应当注意各地的语言、民族、历史传统和文化等因素,这类因素也可能导致司法需求的不同。因此,我们只有通过实际调研,收集有关的各项数据,关注各地区差异的同时进行全面衡量,才能建立符合我国国情的司法管辖区。

提及司法管辖区设置问题,我国法学界提出各式各样的措施方法。有学者主张,以便民原则出发重置我国的高级法院和中级法院。"[1]有学者主张,不按照行政区划设置司法管辖区,而是形成一个跨省、跨市(县)的司法管理体制。[2] 其实,这些观点的唯一目标就是能够使新设置的司法管辖区与行政区域之间重合相脱离,同时使法院人事与财政方面的影响降低到最小,最终保证法院法官能够在良好的环境中独立行使权力,实现司法公正。我们应秉承这一目的,且考虑我国目前的人口、面积、经济、文化等因素,借鉴国外较为成熟的法院管理体制,对我国司法管辖区整体结构体系的布局做最有利的设想,即不违背我国《宪法》和相关规定,在原有的地方各级法院管辖区域、数量上进行必要的调整,并在此基础上设立巡回法庭,另外,在人事财政方面也做必要的改革。

首先,对于高级法院司法管辖区,目前我国被划分为多个高级法院司法管辖区,并以高级法院司法管辖区为基础再一次划分了中级法院和基层法院的司法管辖区。在重构高级法院司法管辖区问题上,依据我国目前的具体情况来讲,是完全可以保持现状,不进行变动。理由如下:一方面,我国司法管理体制不管如何进行改革,都必须顾全大局,保证党的绝对领导地位。同时,党通过全国人大及其常委会对法院进行司法监督下,保证法院的法官们能够依法独立、公正地行使权利。另外,根据我国《宪法》的规定,只有高级法院的司法管辖区与现有的行政区保持不变的前提

---

[1] 章武生、吴泽勇:《司法独立与法院组织机构的调整》,《中国法学》2000年第2期。

[2] 刘会生:《人民法院管理体制改革的几点思考》,《法学研究》2002年第3期。

下，高级法院才会有相应的人大，也就能在不违背宪法的情况下由省级权力机关产生高院及其相应的法官职位。在此之上，将基层法院与中级法院法官的任免权交付于省级人大行使。这样的设置不仅符合我国《宪法》的有关规定，更符合我国的根本政治制度。另一方面，相比而言，高院的一审案件较少，大部分的一审案件都已经让基层法院和中院解决，因此，法院要解决地方化现象更需要把重心放在基层和中级法院，而非高级法院。倘若我国各地法院的法官的任职都交由全国人大及其常委会执行，真正的困难是相当大的，可操作性极低，所以地方各级法院的法官任免权还是由地方人大执行更为合适。可见，考虑到这样的限制条件和去司法地方化的目的，笔者认为，将高级法院的司法管辖区还与省、自治区、直辖市行政区域保持一致性，并且让省级人民代表大会行使其对应区域的各级法院法官的任免权更为适宜。因为如果让各地法院自身行使对其法官的任免，会加重法院地方化现象，这样的改革还是不能达到与行政区相分离的目标。所以，地方各级法院法官的任免权由地方权力机关行使能有效地去法院行政化色彩。

其次，对于中级法院司法管辖区，笔者认为，各个中级法院司法管辖区的划定应当以维持法院之间的受案量平衡，尽量使同级法院之间的司法工作量平等地分配、负担。那么，我们在设置中级法院的司法管辖区时不应以行政区划为依据，而是考虑到司法需求等一系列因素，在划分基层法院司法管辖区的原则基础问题上进行组合。这样不仅能够达到维护公民诉讼权利，而且能够更高效、合理地对司法资源进行利用。

再次，对于基层法院司法管辖区，十八届三中全会、四中全会通过的两个决定要求我们在设置司法管辖区时能够与行政区域相分离，这样能够打破司法管辖区与对应的各级行政区域重合的现状，更进一步地改变法院长期受制于地方政府的现象，从而满足我国人民的司法需求。如果这次司法管辖区改革后，就可能出现部分基层法院司法管辖区完全被划入某个县级行政区域管辖范围内，不过，也有大部分的基层法院司法管辖区是跨越了两个或两个以上的县级行政区域。由于司法需求在我国司法管辖区设置问题上占据一定的影响作用,所以改革问题上也可能出现同一级别的司法管辖区的地域面积大小不均等的现象。换句话说,司法需求量越大的区域,其管辖区设置所包含的地域面积可能不大,甚至需要我们设置相应的基层法院。司法需求量较小的地方却可能不考虑其面积的大小而仅顾及区域相邻等因素重新合并为一个基层法院的司法管辖区。

因此,依照司法管辖区设置的规律看,法院的整体布局将形成一个地方三级司法管辖区的大体结构图。换句话就是,一个基层法院司法管辖区只设置一所基层法院,一个中级法院司法管辖区只设置一所中级法院,一个高级法院司法管辖区只设置一所高级法院。在数量上,我们还需要进一步地研究调查,在此基础上结合我国目前各级法院的数量进行适当的合并、分立或者撤销,以求法院组织体系更为完善。

探索设立跨行政区划法院,不仅是党的十八届四中全会部署的重大改革任务,也是完善人民法院组织体系,推动诉讼体制改革的重大历史机遇,更是确保人民法院依法独立公正行使审判权的重大创新举措。目前,北京、上海两家试点法院已经先行先试,在案件管辖、机构设置、人员分类、院长办案、权力运行、司法公开等方面做出许多有益探索,已经取得良好成效。在未来的试点推进过程中,通过不断完善配套制度,协同推进改革任务,推动构建形成普通案件在行政区划法院审理、特殊案件在跨行政区划法院审理的诉讼格局。

2. 巡回法庭。参照西方"巡回法庭"的本意,也就是前述关于"巡回"和对"法庭"的解读,应当是指以巡回方式进行的独立审判活动。它有以下特点:其一,审判活动不是固定在一个地方,而是以巡回方式在不同地方进行;其二,这种巡回审判活动不是一次性的,也不是长年性的,而是每年反复进行、周期性的;其三,这种巡回审判活动的审判组织是临时任命组成的,不是常设不变的;其四,这种巡回审判活动是由国王授权派往各地的;其五,这种巡回审判活动行使的是一级独立审判机关的权力。应该说这是典型的真正严格意义上的巡回法庭。

最高法院设立巡回法庭是《决定》提出的一项重大创新举措,也是针对我国现行司法体制及司法现状推出的一项重大改革举措。要想贯彻、执行好这一重大举措,我们应当认真学习、准确领会《决定》关于这项举措的完整表述和现实背景。

首先,《决定》关于最高法院设立巡回法庭这一重大举措的完整表述是:"最高人民法院设立巡回法庭,审理跨行政区域的重大行政和民商事案件。"由此表明《决定》提出最高法院设立的巡回法庭是有特定受案范围和具体目的的。特定受案范围就是"跨行政区域的重大行政案件和民商事案件",具体目的则是为了防止、克服这类案件如果由"跨行政区域"中的某一地方法院审判可能发生的地方保护主义,造成司法不公、损害司法公信力的结果。因此,笔者认为,任何关于最高法院设立巡回法庭的讨论、观点都应当紧紧围绕《决定》的上述完整内容和具体目的而展开和提出。

其次,《决定》之所以提出"最高人民法院设立巡回法庭,审理跨行政区域的重大行政案件和民商事案件",其本身意味着:第一,"跨行政区域的重大行政案件和民商事案件"在以往的审判中存在一定问题或者期望在今后的审判中不出问题;第二,我国现行法院体制包括最高法院的运行体制不适应对"跨行政区域的重大行政案件和民商事案件"公正审判的要求。正因为如此,《决定》才提出这一重大创新举措。

未来推进最高法院巡回法庭的制度举措中,应着重论证明确以下两大问题:

其一,最高法院与巡回法庭的行政关系及审级关系问题。巡回法庭定位为最高人民法院的特殊审判机构,其审判不属于不可上诉的终审判决。那么,如此定位"巡回法庭"可以实现《决定》关于为了审理跨行政区域重大行政案件和民商事案件而由最高法院设立巡回法庭的特别意图。由于在管辖权级别上做出了特殊的改造,巡回法庭可以有效地克服地方保护。根据《决定》的精神,笔者认为巡回法庭的审判管辖权不应当与最高法院相同,而应当是与高级法院相同的审判管辖权,但与高级法院受案范围不同。具体而言,巡回法庭只管辖审判"跨行政区域的重大行政案件和民商事案件",包括一审管辖权和二审管辖权。巡回法庭的一审管辖权是指受理审判目前由高级法院一审管辖的民、行案件中的"跨行政区域的重大行政案件和民商事案件"。巡回法庭对这类案件审判后,当事人不服可以上诉到最高法院。巡回法庭的二审管辖权是指受理审判不服中级法院一审判决、原来由高级法院管辖的二审案件中属于"跨行政区域的重大行政案件和民商事案件"。这类案件巡回法庭审判后是终审裁判,不可上诉。

其二,巡回法庭跨区域管辖问题。最高法院设立的巡回法庭和地方探索设立的跨行政区划的人民法院,将成为我国未来司法体制中专门负责审判跨行政区域案件,防止、克服司法领域地方保护主义的主力军和主战场。换句话说,不能赋予它们分担普通法院、检察院的司法职能,也不能赋予它们便利民众诉讼的功能。它们的功能或者使命主要是,一方面,通过对那些跨行政区域的案件行使审判权和,防止和克服地方保护主义,保证公正司法;另一方面,也对普通法院产生有形或者无形的积极影响,促使普通法院依法公正行使审判权。长此以往,在我国司法体制中形成一种自我约束、自我监督、自我完善的良性运行机制,实现公正司法的长效化。

巡回法庭设立后,大部分跨行政区划的重大民事案件,都将由巡回法庭审理,更有利于保证司法公正,彰显司法公信力。因此,理论上,除了必须提交最高法审判委员会讨论的案件和对全国法院统一法律适用有指导意义的案件之外,巡回法庭本身能作出裁判的案件,一律放到巡回法庭审理。此举旨在推动去地方化,加强全国性司法系统的权威和影响力,防止规范秩序的碎片化。作为最高人民法院的派出机构,巡回法庭甚至地区法庭的建立,将跟地方司法系统形成一定程度上的竞合关系,为当事人的权利救济提供更广阔的渠道。同时,也为解决全国司法统一和地方自治的矛盾提供了有效方式。从国际上看,日本等国土面积较小的国家往往采取的是比较集中的司法体制,而美国等幅员辽阔的国家则实行联邦和州两套独立的司法系统。我国是中央集权的单一制国家,全国只有一套统一的司法体系,但由于幅员极其辽阔,必须兼顾地方司法的灵活性,因此,最高法巡回法庭的建立,将有效地解决规模巨大的单一制中央集权下司法统一和地方自治的矛盾。

3. 专门法院。现代专门法院一般均是以事务管辖为原则,这一点已成共识,但这并不代表每一类司法事务都必须设立专门法院进行管辖。事实上,现代法院内部已经形成不同部门对不同的司法事务实行分工,进行专门化审理。因此,设立专门法院必须结合本国国情和司法需求来综合考虑,在事务管辖和专业性的基础上,明确设立专门法院是为了解决什么问题。在专门法院设立的问题上,我国许多学科领域都有强烈的诉求,比如环境法、知识产权法、行政法等领域的专家基于本学科的重要性,长期以来一直呼吁环境法院、知识产权法院和行政法院的设立;劳动法、婚姻家庭法、未成年人保护法方面的专家,也时常认为应当设立本领域的专门法院。笔者认为,那种以某领域重要或国外有相同类型专门法院为论据论证我国应设某种专门法院的观点是不充分的。当前,司法地方化、行政化和法官的非专业化被普遍认为是我国司法改革应解决的主要问题,这些问题在哪些司法领域比较严重,设立专门法院是否有利于解决这些问题应成为设立专门法院的重要标准。比如行政诉讼受地方政府干预较多,严重影响司法公正,就可以考虑设立行政法院跨行政区域管辖来克服司法地方化的弊病;又如知识产权领域的社会分工精细化程度很高,知识产权纠纷解决的专业性非常强,对法官素质的要求很高,就可以考虑设立知识产权法院来实现知识产权审判的专业化,以回应法官非专业化的问题。同时,新设立的专门法院必须符合司法改革的方向,努力祛除长期以来存在的司法行政化。

首先,专门法院应具有跨行政区域管辖的特点。广州知识产权法院将管辖广东全省的第一审专利、植物新品种、集成电路布图设计、技术秘密、计算机软件等技术类民事和行政案件,以及涉及驰名商标认定的民事案件。这种在广州知识产权法院先行探索跨区域管辖,对于日后知识产权法院跨区划管辖的改革具有积极的实践意义。

其次,专门法院应具备独立的人事财政供给体系。法院经费问题是法院无法摆脱地方化影响的一大软肋,为摆脱地方干扰,首先就要建立司法机关经费中央财政统一供给制,通过立法对全国范围内的各地方法院的经费开支实行单独预算,各地法院所收诉讼费全额上缴中央财政,另外,各地按其每年的国民生产总值一定比例向中央财政交纳司法经费,这些费用由中央财政集中,作为专项司法经费。每年各地法院将司法经费预算逐级上报上级法院,经最高院最后审核后报全国人大,由全国人大讨论通过后,交由中央财政执行,逐级下达专项拨款,用于法院司法经费。这样的财政机制的辅助措施就是法院办公条件、物资装备、福利待遇法定化。目前,由于法院经费来源于地方,而地方的经济条件不同,所以法院的经费全国各地的差异很大,也导致法官待遇等各不相同,为便于编制法院经费预算,也有利于不同级别地域法官之间的合理流动,应通过立法使法官待遇等司法经费的组成部分标准化、统一化。法院受地方控制的另一软肋就是法院人员由地方管理。所以,要变革这种体制。首先在法院人员人事编制管理上,必须取消地方负责的制度,法院的人员编制由最高人民法院统一负责,中央编委对法院编制单独管理。最高院根据各法院审判案件的数量确定各法院的人员编制情况,地方党委政府无权确定法院编制的多寡,无权调动安排非领导职务的法官。其次,实行法官审判职称晋升程序化、法定化。法律可从任助理审判员年限、学历、年龄、办案数量、质量等方面量化助理审判员晋升为审判员的条件,这样助理审判员在案件审理上就不怕受地方保护主义的不当影响了。再次,排除法院领导,尤其是法院院长受地方制约的因素。一是法院院长实行上级法院和地方党委协商提名制,这样既能保证院长能够符合法官法的条件体现司法职业化的要求,也在一定程度形成了对地方势力的牵制。二是罢免院长理由法定化。对院长的罢免理由要比法官的严格,除了法官法规定的PH法官免职和辞退条件外,还可以规定如法官队伍形象不好,一年内有多少名法官违法乱纪的;案件质量不高,案件被发回重审和超审限的比例高;司法经费浪费巨大,由于管理原因致使司法经费未能有效使用等。

其三，专门法院体制能实现审级的突破。我国在2008年的《国家知识产权战略纲要》提出"探索建立知识产权上诉法院"，随后在2013年《中共中央关于全面深化改革若干重大问题的决定》中将这一目标修改为"探索建立知识产权法院"，这一转变意味着我国要构建的知识产权专门法院并不局限于上诉法院这个审级由于我国法院实行"两审终审制"，这样不符合知识产权案件专门化审理的目标；同时所在地高级人民法院做出终审判决，仍然停留在地方层级，无法解决各地审判标准不统一、同案不同判的问题，可见过去制约我国知识产权案件审理的缺点依然存在。

对此，中国知识产权法学研究会会长刘春田教授表示，我国建立专门法院体系尚在探索过程中，因此在中级人民法院级别设立知识产权法院进行跨区域管辖、积累审判经验，待到时机成熟再建立知识产权上诉法院。① 笔者认为，我国在本土实践经验的基础上，可以借鉴欧洲统一专利法院的两级法院体系结构，在我国设立专门的知识产权上诉法院。2013年2月19日，欧洲《统一专利法院协议》签署，与当今大多数国家只设立上诉法院的模式不同，欧洲统一专利法院采取了两级法院的模式，形成了一审法院和上诉法院相结合的独立专利案件审判系统。根据该协议，欧盟将设立一个统一专利法院来处理传统欧洲专利及欧洲单一专利相关的诉讼事务。统一专利法院将包括一个一审法院、一个上诉法院以及一个注册处。一审法院将包括一个中央法院和若干位于各成员国的地方法院和地区法院。其中，中央法院主要负责专利权无效宣告请求的审查，地方法院和地区法院则主要负责专利侵权诉讼案件的审理。由统一专利法院做出的判决在各国的效力是一致的，因此将极大改善欧洲专利侵权案件审判结果不一致的局面。

因此，在首批设立的三家知识产权法院之后，我国可在更多有诉讼需求的地区设立知识产权法院（试点），并实行跨行政区划管辖，级别相当于

---

① 沈念祖："全国首家知识产权法院成立 取消助理审判员"，参见 http://www.p5w.net/news/gncj/201411/t20141115_837280.html，访问时间2015年10月6日。

中级人民法院。之后可以在北京设立一个级别相当于高级人民法院的知识产权上诉法院,统一审判标准。考虑到司法资源有限性和便利当事人诉讼,知识产权上诉法院可以在案件集中的地区设立派出法庭或者采用巡回审判的方式进行。

4. 配套的人事财政制度改革。如前所述,法院法官产生的地方化和法院经费问题的地方化都是目前我国地方保护主义现象的重要原因。如人事方面,法官的任职由地方各级人大及其常委会决定,省、自治区、直辖市的人大常委会负责在省、自治区内按地区设立的和在直辖市内设立的中级法院的人事任免;在财政方面,目前我国四级审判机关实行了"分级管理、分级负担"的保障模式。据资料分析,近年来政法系统对经费进行改革,中央及省级财政方面对下级法院的经费补贴也在持续地上涨,不过,同级法院的财政拨款在大多数地方仍然属于法院经费的主要部分。囿于目前的局面,导致法院受制依附于地方,地方干扰司法的现象非常严重,妨害了司法的独立公正。因此,建立新的法院人事财政体制刻不容缓。司法权属于一个国家的司法审判权力,地方的各级法院则是国家为了方便行使权力而设立的,本是国家的法院,法官的任免制应当尽可能地减少来自地方权力机关的影响。笔者认为,可以根据最高人民法院"关于全面深化人民法院改革的意见",采取以下措施:

在人事体制方面,建立一个全新的法官任免、监督机制,即将法官的任免权统归司法内部行使,监督权则由地方权力机关享有。即,全国人民代表大会常务委员会重新设立一个国家级的、由法官代表和社会有关人员参与的法官遴选委员会,专门审议全国法官的入职资格条件,并对地方各级法院的法官进行必要的监督。全国人大常委会选任并监督最高院的法官;最高院选任各个高院的法官,同时由各高院相应的省级人大及其常委会对其法院的法官进行监督;高院选任各中院的法官,同时由各中院相对应的市级人大及其常委会对其法院的法官进行监督;中院选任各基层法院的法官,同时由各基层法院相对应的区、县人大及其常委会对其法院的法官进行监督。换言之,就是上级法院选任下一级法院的院长、庭长、法官,同一级人大及其常委会负责监督。另外,非因法定事由,未经法定程序,不得将法官调离、辞退或者做出罢免、降级等处分。这样的设计目的就是为了摆脱地方保护主义的干扰,让法院人事体制方面能够归司法系统专门管理,实现法官专业化、职业化,促进司法独立,实现国家法制的统一。

在财政体制方面,建立司法两级财政机制。这也是解决我国法院经费来源地方化现象的可行性措施。也就是,国家的财政对最高法院和高级法院的经费进行保障,省级的财政对中级法院和基层法院的经费进行保障。这两级财政的法院保障金都将放入每一年度的财政预算之中,并按照一定的比例逐年增长。这样设计的优点在于:一方面,如果我国所有的法院的人、财、物都收归中央统一管理,可操作性较低,毕竟我国面积大、人口多,所以这样能够减轻中央和省一级的财政压力并且防止地方保护主义。另一方面,将中级法院和基层法院的经费来源收归省级财政负责,可以避免市、县级行政部门对法院司法权的干涉,将高级法院的经费来源收归中央,也能避免省级行政部分对法院司法权的干涉。另外,前述中提出对巡回法庭的改革构想,很明显,这个设想中的司法管辖区完全与行政区域相分离,那么,巡回法院的经费来源和法官任免也可以摆脱行政区域的干扰直接由中央统一划拨。根据最高人民法院工作报告,我国现已在吉林、上海、湖北、广东、海南、贵州、青海法院进行人、财、物省级统管,人员分类管理等改革试点。可见,建立两级司法财政体制,能够为司法机关的经费提供保障,避免法院受制于地方行政机关的干扰,亦符合我国的现代司法理念。现阶段,跨行政区划法院的重要使命在于,积极探索建立符合司法规律和审判工作特点的新的审判管理体制和审判权力运行机制,实现审判体制和审判能力的现代化,为全国的司法体制改革提供可复制、可推广的制度经验。

第二节 微观层面:新型诉讼关系与管辖权具体依据的革新

一、新型诉讼关系管辖依据之美国经验

众所周知,20世纪后期,西方出现了重大的社会变迁,人们往往用诸如风险社会、信息社会、经济全球化等语词来形容社会的样态。而这一时期,恰恰是以互联网为代表的新技术发展如火如荼的重要时期。在此过程中,民商事实践的飞速发展催生出新的民商事诉讼资源需求。风险社会与经济全球化的结合导致民商事交易纠纷数量和类型的增多,而信息技术与民商事交易的结合使得现有管辖权规则在一些新型民事诉讼的现实面前显得杯水车薪。互联网的全球性、虚拟性、无边界性,对传统以物理时空为基点的管辖权理论及其规则产生了强烈冲击。以美国为例,为应对司法制度预设与制度现实之间的冲突,其民事诉讼制度具备了很强的现实导向,强调应更加关注诉讼实践效果的"面向",注重工具主义与实用主义。该理论将美国的民事管辖权制度化约为"规范接受者"的单方接受,并将法官作为规范接受的主体。基于此种解释,在美国民事诉讼管辖权制度的发展与运行中,司法系统扮演了最重要的力量,"法官造法"在这一时期的管辖权领域体现的尤为突出。联邦巡回法院在实践中逐步创设出"活动标尺""计算机终端所在地""网络服务器所在地"以及侵权人"有意利用本地网络"等专门适用于涉网民商事案件的管辖依据,作为对新技术冲击的回应。

不仅如此,新技术的发展还催生了各类新型诉讼关系的出现。然而,在各种新型诉讼关系面临的地域管辖困境中,又以证券诉讼的管辖问题最为复杂和典型。证券电子化发行交割与跨境间接持有这二者间的结合,使得"物之所在地"在证券诉讼管辖权中难以寻得依附。原因在于,随着以计算机技术为依托的现代证券市场的发展,证券实行全面无纸化,所有证券交易和登记结算都通过电子簿记形式来体现,且在直接持有制基

础上出现了证券间接持有的实践①。此种情况下,传统"物之所在地"依据在证券管辖权领域的运用已面临根本性的困境:在证券全面无纸化背景下,证券的表现形式已演变为电子簿记系统中的信息符号,远非传统意义上的实物书面凭证,这使得作为物权客体的证券凭证"所在地"管辖依据在实践中毫无立足之地;在间接持有模式下,由于实际投资者的身份和证券持有信息并不直接体现在发行人登记簿中,当证券权益争议产生时,相关权益的主张和证明在绝大多数情形下都与证券发行人毫无关联,不仅如此,投资者在进行证券权益处分时,所涉之证券往往以多样化证券组合的方式体现,这些证券极可能来自分散于不同国家的多个证券发行人,这便使得与当事人相关的"发行人所在地"依据失去了原有的实践根基,变得无所适从。另外,金融全球化和交易关系网络化背景下,由于证券欺诈等侵权行为往往是针对所有购买了同一只证券的非特定投资者而实施,一旦侵权发生,则证券争议会具有涉案人数多、分布广、牵连因素复杂等特性。当不同地域、不同国别的非特定多数人因遭受损害而主张诉讼救济时,传统侵权管辖中的"行为地""效果地"等地域管辖依据亦面临适用上的困境。因此,新的管辖权判定依据的探求与适用已成为不容回避的紧要课题。

作为证券市场发达国家,美国法院的丰富判例表明,其已具备解决涉外证券民事诉讼管辖权问题的较为成熟的理论和经验。美国联邦巡回法院自20世纪30年代的金融危机之后,就已经表现出对于证券司法管辖权问题的重视,并在长期的判例法实践中发展出一系列针对证券侵权诉讼的管辖依据。其中有四项管辖依据最值得关注。其一,"行为和效果标准",即以证券侵权行为实施和损害结果发生地作为管辖依据。该标准在

---

① 证券间接持有,是指在证券发行人同实际投资者之间存在多个中介性的持有层次,投资者的名称和证券持有情况并不直接体现在发行人的证券持有人名册中,而是只在与其最邻近的中间人——即所谓直接中间人(immediate intermediary)处开立账户,通过该中间人的账簿记录而"间接"持有相关证券。参见廖凡:《间接持有证券的权益性质与法律适用初探》,《环球法律评论》2006年第6期。

美国涉外证券司法判例史中占据着最为"悠久"的地位，其适用上的弹性和不一致性也最为突出；其二，为美国联邦最高法院在 2010 年莫里森诉澳大利亚国家银行案中所创设的"交易标准"①，即以证券交易发生地作为管辖依据。该标准旨在统一美国联邦证券司法进程，成为美国证券管辖权实践上的分水岭；其三，为莫里森案审理期间，司法总长向联邦最高法院提交的司法意见中作倡导的"三步测试标准"，根据该标准，法院在确定证券诉讼管辖权时，应当依照以下三个步骤对案情进行考虑：在整个欺诈网络中，有意义的欺诈行为是在美国做出的；该行为是导致证券欺诈得逞的实质性原因，并直接导致原告的损失。其四，为美国国会在《华尔街法案》中所倡导的"泛行为－效果标准"。笔者认为，这四个标准在客观程度、刚柔程度、司法理念等方面均不相同，且相关因素均会影响法官的裁量效果。此外，关于与证券权益争议相关的财产权诉讼，美国联邦和各州法院以证券"账户开立地"来代替证券标的物的所在地，继而确定司法管辖权。

二、我国民商事管辖相关依据之完善

目前，针对证券民事诉讼案件的管辖权问题，仅有最高人民法院于 2003 年 1 月 9 日出台的《关于审理证券市场因虚假陈述引发的民事赔偿案件的若干规定》（以下简称"03 规定"）对有关证券虚假陈述案件的管辖事项做出了规定。这也是我国迄今为止，唯一规定了证券民事侵权诉讼细则的正规法律文件。对此，笔者的相关建议如下：

---

① Morrison et al. v. National Australia Bank Ltd., 561 U. S. (2010). 该案中，莫里森等三名澳大利亚投资者在纽约对澳大利亚国家银行提起集体诉讼，源于澳大利亚国家银行在 1998 年收购了一家总部位于美国佛罗里达州的抵押贷款证券化服务机构 HomeSide，HomeSide 由于会计处理上出现错误使得证券价格虚增。问题曝光后，澳大利亚国家银行于 2001 年被迫开展巨额核销，导致股价大跌。由此，莫里森等在澳大利亚证券交易所购买了澳大利亚国家银行股票的澳大利亚原告，于当年在纽约对澳大利亚国家银行及其美国子公司 HomeSide 提起了集体诉讼。该案经过美国地区法院、第二巡回上诉法院、美国最高法院的三轮审理，并由最高法院于 2010 年 6 月 24 日终审宣判。

1. 关于级别管辖，"03《规定》"采用"集中管辖"的做法，规定证券虚假陈述诉讼的一审案件全部由省会城市的中级人民法院和经济特区的中级人民法院管辖。由于证券类诉讼在我国尚属新事物，法院在处理相关案件时几乎无先例可循。而现有证券立法大多只是对侵权责任作了原则性规定，没有涉及程序性规则，于我国的审判实践而言，无疑只有隔靴搔痒之效应。而证券侵权纠纷往往当事人众多，案情较复杂，诉讼标的额也较大，因此，出于对法官整体素质及能力的考虑，将证券侵权诉讼进行上述"集中管辖"处理。试点性地将管辖权统统归于省会城市和经济特区的中级人民法院的做法，虽然可能给当事人诉讼带来某种程度的不便，但对仍处于探索阶段的我国法院来说，客观上有利于法院积累相关的司法经验，更有利于保证案件的审判质量。因此，现阶段，"集中管辖"不失为一种过渡性的选择。假以时日，根据相关司法实践发展的趋势，必要时可经由最高人民法院指定，再逐步扩大受理上述争议的法院名单，对于一些在全国范围内影响较大的证券诉讼案件，可纳入最高人民法院巡回法庭的管辖范围。至于证券合同和证券财产权益纠纷，因分属传统合同与物权纠纷范畴，可分别适用合同与物权诉讼的级别管辖规则。

2. 关于地域管辖，"03《规定》"规定实行原告就被告原则，即由被告所在地有管辖权的中级人民法院管辖。2007年9月，最高人民法院在全国民商事审判工作会议中作出指示，对于投资人对侵权行为人提起的相关民事诉讼，有关人民法院应当参照虚假陈述司法解释前置程序的规定来确定案件的受理，并根据最高院"03《规定》"中关于管辖权的规定来确定案件的管辖。但是，现代证券市场以信息技术为依托，实行发行、交易、清算交割的高度网络化，当事人与争议相关的各种活动和行为有可能都是在电子虚拟空间内实施并完成的，行为地具有很强的不确定性；在有关证券权益纠纷中，由于我国已全面实行证券无纸化，且在证券直接持有模式的基础上出现了间接持有的实践①，争议产生后，法官同样面临着如何确定证券所在地问题。然而，我国的相关管辖权规定往往以"原告就被告"原则为中心，并在此基础上硬性规定地域性的管辖权连结点，又没有赋予法官根据具体案件事实进行必要的自由裁量的权利，实践中很可能给法官的具体操作带来困难，或是造成管辖权的判定合法而不合理。证券侵权之诉具有不同于传统侵权诉讼的特殊性，尤其在证券侵权争议中，由于涉案当事人通常人数众多，且分布范围广，所牵连因素复杂，这就要求法院在处理相关纠纷时，不仅要考虑如何合理化解纠纷，为受害者提供救济，还要同时担负起维护公众利益和稳定证券市场秩序的职责。因此，在进行管辖权依据的探索时，应将上述问题纳入考虑。另外，"03《规定》"出台之际，我国还未实行QDII制度，即当时我国尚未允许境内机构和个人投资者进行境外金融产品投资，而证券侵权诉讼的被告又多为发行人或证券公司，因此，根据当时的实践，所涉被告一般仅限于我国的法人、组织机构及其相关责任人。随着QDII制度的不断推进，越来越多的境外上市公司和相关证券机构涌入我国的二级证券市场②，与我国的证券投资者产生侵权纠纷，若仍然一律实行"原告就被告"原则就意味着将那些从事境外证券投资、但遭受证券侵权损害的国内机构和私人投资者排除在我国法院司法救济的范围之外，这显然是极不妥当的。笔者认为，设定管辖权依据，首先应关注该类诉讼本身的特性，并考虑管辖法院与案件本身的关联程度。根据"03《规定》"，证券欺诈诉讼均由被告住所地的中级人民法院集中管辖，这无疑为被告的人脉关系网提供了地利条件。而现实中，被

---

① 根据我国相关证券立法的规定，我国B股、H股的权益拥有人可以将其股份登记在名义持有人名下，即允许间接持有。QFII制度中的间接持有则更加明显和广泛，取得QFII资格的境外机构投资者往往是以QFII的名义为其客户持有股份的证券中间人，QFII下的投资者都是通过该中间人而间接持有我国A股。参见谢红霞：《应对合格境外机构投资者（QFII）的法律规制研究》，人民法院出版社2005年4月版，第244页。

② 实践中，普遍习惯于将一国的证券市场分为两个组成部分：证券发行市场和证券交易市场。其中，发行市场称为"一级市场"，交易市场称为"二级市场"。

告的证券欺诈行为可能并不是在其住所地实施的,遭受损害的原告也不在被告的住所地,当被告的整个欺诈阴谋的策划、实施和侵权结果都与自己的住所地无关时,不仅会给住所地法院立案后的异地调查取证带来诸多不便,还会产生对如下问题的诘问:管辖权的行使对当事人来说是否公平、原告诉讼是否便利、侵权行为与法院地之间是否存在真实联系、能否为受害人提供更好的救济等。

根据我国现行《民事诉讼法》第28条的规定,因侵权行为提起的诉讼,由侵权行为地或者被告住所地人民法院管辖。最高院的司法解释中进一步将侵权行为地明确为侵权行为实施地和侵权结果发生地,且明确了侵权结果发生地可以是原告的住所地。在探索证券管辖权依据时,不妨考虑将我国侵权诉讼管辖权规则中的"侵权行为地"与美国经验中的"行为标准"和"效果标准"进行结合。现实中,由于当事人实施的证券侵权行为往往以一系列相互关联的行为活动链的形式来完成,且这些行为可能是在多个不同的地方做出的,按照美国法院的经验,根据"行为标准",案件应当由主要侵权行为发生地的法院管辖,即要求被告在法院地实施的侵权行为是并不仅仅是预备性质的,且该行为直接给原告造成了损害。根据"效果标准",当事人可以在损害后果发生地的法院起诉。且在很多情况下,侵权结果地就是原告的住所地。笔者认为,对于我国目前证券欺诈诉讼的地域管辖问题,除了"被告所在地"法院有管辖权之外,应当增加侵权行为地法院的管辖权。这样以来,原告可根据自身现实便利,选择被告住所地、侵权行为实施地、侵权结果地中的任何一个有管辖权的中级人民法院进行起诉。另外,对于证券合同和证券权益争议,可适用与合同或财产权有关的民事管辖权规则。根据现行《民事诉讼法》的规定,合同或其他财产权益的当事人可以通过书面协议选择合同签订地、合同履行地、被告住所地、原告住所地、标的物所在地的人民法院管辖,但必须符合以下条件:首先,当事人用书面协议选择的管辖法院,必须与所涉争议存在实际联系;其次,不得违反我国法律关于级别管辖和专属管辖的规定。需注意的是,我国证券市场自20世纪90年的初就已实行证券无纸化,由中国证券登记结算公司(简称中登公司)通过电子化证券簿记系统为证券持有人设立证券账户,所有证券均以电子化方式登记、托管、交易和结算,由中登公司来统一管理和运作。国内公民投资 A 股为直接持有模式,投资者的全部证券均以自己的名义登记在中登公司的电子系统中。由于证券本身是权益的凭证,是民事权利和权利载体的结合物,是一种特殊的"物",现实中,对于此种特殊标的物的所在地问题,笔者认为,由于目前中国证券登记结算公司北京总部、上海分公司和深圳分公司负责证券持有人名册登记及权益登记业务,证券所在地应当认为是北京、上海或深圳。事实上,相较于知识产权诉讼,证券诉讼的专业性和复杂性并不逊色,甚至更胜一筹。当今中国的证券发行交易实行"全国一盘棋",证券市场早已跨省跨区,并实现了跨越式发展。其不仅关乎全国亿万名投资者的利益,更关乎国家的经济安全和社会的正常稳定。因此,证券市场对于公正独立的司法体制有着更高的要求。笔者认为,立足长远来看,不宜将证券案件的管辖权放在地方法院。美国联邦巡回法院自 1934 年《证券交易法》出台以来,就将所有联邦证券交易法规定之诉讼的管辖权全部收归麾下,担当着维护美国证券市场最后公平防线的重任。其目的就是为了保证案件质量、实现证券类审判的专业化、统一裁判标准、维护金融市场秩序,间接担负着维护国家经济稳定和安全的重要使命。笔者相信,推动证券诉讼的司法体制改革,必然会产生一些具有标志性和借鉴意义的司法经验,影响和带动整个司法体制改革的发展,进而服务于全面改革的大局。因此,笔者建议将证券诉讼的审级上移,由最高人民法院巡回法庭统一审理,待相关审判经验有了一定积累之后,由最高人民法院主导,在北京、上海和深圳试点设立证券专门法院,实现证券类诉讼审判的统一化、专门化和科学化,以强化普通案件在行政区划法院审理、特殊案件在跨行政区划法院审理、复杂的专业化案件在专门法院审理的多层次、渐进式管辖权格局。

参考文献

一、著作类

[1] 王利明.司法改革研究[M].北京:法律出版社,2001.

[2] 万鄂湘.民商事审判实务教程:民事卷[M].北京:法制出版社,2014.

[3] 景汉朝.司法成本与司法效率实证研究[M].北京:中国政法大学出版社,2010.

[4] 陈甦.证券法专题研究[M].北京:高等教育出版社,2006.

[5] [爱尔兰]约翰·莫里斯·凯利.西方法律思想简史[M].王笑红,译.北京:法律出版社,2010.

[6] [英]詹宁斯·瓦茨.奥本海国际法:第一卷第一分册[M].王铁崖,陈公绰,汤宗舜,周仁,译.北京:中国大百科全书出版社,1995.

[7] [意]朱塞佩·格罗索.罗马法史[M].黄风,译.北京:中国政法大学出版社,1994.

[8] [美]罗斯科·庞德.法律史解释[M].邓正来,译.北京:中国法制出版社,2002.

[9] [美]联邦司法中心.复杂诉讼指南:第4版[M].郭翔,等译.北京:中国政法大学出版社,2005.

[10] [比]马克·范·胡克.法律的沟通之维[M].孙国东,译.北京:法律出版社,2008.

[11] [美]托马斯·李·哈森.证券法[M].张学安,等译.北京:中国政法大学出版社,2003.

[12] [美]莱瑞·D·索德奎斯特.美国证券法解读[M].胡轩之,张云辉,译.北京:法律出版社,2004.

[13] 托马斯·霍布斯.利维坦[M].黎思复,黎廷弼,译.北京:商务印书馆,1985.

[14] 孙宪忠.民法总论[M].北京:社会科学文献出版社,2010.

[15] 江伟.民事诉讼法学[M].上海:复旦大学出版社,2002.

[16] 蒋惠岭.法院独立审判问题研究[M].北京:人民法院出版社,1998.

[17] 黄川.民事诉讼管辖研究——制度、案例与问题[M].北京:中国法制出版社,2001.

[18] 孙邦清.民事诉讼管辖制度研究[M].北京:中国政法大学出版社,2008.

[19] 姜启波,孙邦清.诉讼管辖[M].北京:人民法院出版社,2005.

[20] 李昌道,董茂云.比较司法制度[M].上海:上海人民出版社,2004.

[21] 王福华.民事诉讼基本结构[M].北京:中国检察出版社,2002.

[22] 田平安.民事诉讼法学[M].北京:中国检察出版社,2001.

[23] 刘璐,高言.民事诉讼法理解适用与案例评析[M].北京:人民法院出版社,1996.

[24] 常怡.民事诉讼法学[M].北京:中国政法大学出版社,1994.

[25] 罗生.日本现代审判制度[M].北京:中国政法大学出版社,2003.

[26] 贺日开.司法权威的宪政分析[M].北京:人民法院出版社,2004.

[27] 孙万胜.司法权的法理之维[M].北京:法律出版社,2002.

[28] 胡夏冰.司法权:性质与构成的分析[M].北京:人民法院出版社,2003.

[29] 谭世贵.司法独立问题研究[M].北京:法律出版社,2004.

二、论文类

[1] 万鄂湘.深入司法改革、确保司法公正[J].法学评论,1999(3):4-5.

[2] 陈瑞华. 司法权的性质——以刑事司法为范例的分析[J]. 法学研究, 2000(5):30-58.

[3] 齐树洁. 德国民事司法改革及其借鉴意义[N]. 河南财经政法大学学报, 2001, 16(4):32-43.

[4] 龙宗智. 论司法改革中的相对合理主义[J]. 中国社会科学, 1999(2):130-140.

[5] 贺卫方. 中国司法管理制度上的两个问题[J]. 中国社会科学, 1997(6):116-129.

[6] 王利明. 司法改革的若干意见[J]. 法学家, 2005(4):1-5.

[7] 万鄂湘. 法官职业化建设是通往法治的必经途径[J]. 法律适用, 2002(12):7-8.

[8] 蒋惠岭. "法院独立"与"法官独立"之辩——一个中式命题的终结[J]. 法律科学, 2015, 33(1):49-56.

[9] 郑毓盛, 李崇高. 中国地方分割的效率损失[J]. 中国社会科学, 2003(1):64-72.

[10] 莫纪宏. 论我国司法管理体制改革的正当性前提及方向[J]. 法律科学, 2015, 33(1):28-36.

[11] 季卫东. 合宪性审查与司法权的强化[J]. 中国社会科学, 2002(2):4-16.

[12] 徐显明. 司法改革20题[J]. 法学, 1999(9):4-8.

[13] 顾培东. 中国司法改革的宏观思考[J]. 法学研究, 2000(3):3-16.

[14] 公丕祥. 全球化背景下的中国司法改革[J]. 法律科学, 2004, 22(1):3-11.

[15] 谭世贵. 我国司法改革研究[J]. 现代法学, 1998(5):63-68.

[16] 朱苏力. 论法院的审判职能与行政管理[J]. 中外法学, 1999(5):36-46.

[17] 宋杰. 普遍民事管辖的发展与挑战[J]. 法学研究, 2011(1):181-195.

[18] 张卫平.民事诉讼法律审的功能及构造[J].法学研究,2005(5):41-50.

[19] 龚祥瑞.关于司法独立的理解和适用[N].南昌大学学报(人文社会科学版),1981(3):73-79.

[20] 李浩.民事诉讼管辖制度的新发展——对管辖修订的评析与研究[J].法学家,2012,1(4):146-158.

[21] 廖永安.我国民事诉讼地域管辖制度之反思[J].法商研究,2006(2):71-77.

[22] 张晋红.民事诉讼合并管辖立法研究[J].中国法学,2012(2):146-155.

[23] 肖建国.民事诉讼级别管辖制度的重构[J].法律适用,2007(6):7-13.

[24] 王福华.协议管辖制度的进步与局限[J].法律科学,2012,30(6):163-169.

[25] 姜启波.民事诉讼管辖制度改革论略[J].法律适用,2007(6):2-6.

[26] 蒋惠岭.论法院的管理职能[J].法律适用,2004(8):7-10.

[27] 王次宝.最新修订民事诉讼管辖制度研究[J].司法改革论评,2013(1).

[28] 张家慧.俄罗斯民事诉讼中的管辖[J].法律适用,2003(5).

[29] 郭翔.民事地域管辖:理念的转换与制度的完善[J].河北法学,2006,24(2):93-97.

[30] 邓恒.知识产权民事诉讼级别管辖研究——兼评最高人民法院法发[2010]5号通知[J].知识产权,2014(1):29-33.

[31] 孙邦清.为何原告就被告?——关于地域管辖规则为谁而设之辨[J].法学家,2011,1(5):148-154.

[32] 王次宝.民事一般管辖与特殊管辖的冲突及其消解[J].当代法学,2011(6):80-86.

[33] 李兰英,陆而启.从技术到情感:刑民交叉案件管辖[N].法律科学(西北政法大学学报),2008(4).

[34] 廖凡.间接持有证券的权益性质与法律适用初探[J].环球法律评论,2006,28(6):681-691.

[35] 潘剑锋.论建构民事程序权利救济机制的基本原则[J].中国法学,2015(2):29.

[36] 张卫平.新民事诉讼法的实施与司法体制改革的推进[J].人民司法,2013(9):63-71.

[37] 吕斐宜,刘建新.知识产权民事案件案由及其管辖权的确定[J].知识产权,2011(9):41-44.

[38] 赵钢."能动司法"之正确理解与科学践行——以民事司法为视角的解析[J].法学评论,2011(2):3-14.

[39] 刘远志.管辖权异议制度之反思与重构——以地域管辖为视角[J].法律适用,2012(4):61-66.

[40] 贺卫方.司法改革中的上下级法院关系[J].法学,1998(9):43-45.

[41] 管育鹰.试论我国专门法院设置的改革[J].人民司法,2004(8):14-18.

[42] 郭载宇,胡正伟.变更诉讼请求前后的管辖权异议[J].人民司法,2010(20):22-25.